一封信的秘密

優秀是教出來的

以我手寫我心

世上有走不完的路，但沒有過不去的難關，
只要有智者在身邊，給思想點上一盞明燈，
任何困難只要輕輕一推，就不再對你造成阻礙。

蘇伯特◎著

前言

信，使遠隔千山萬水的親友如同見面。因此，自古以來，信就在人們的生活中占有極其重要的地位。唐代大詩人杜甫，因安史之亂而身陷長安，在〈春望〉詩中，以「烽火連三月，家書抵萬金」的詩句，表明了書信的重要。

書信中蘊藏有大量的社會、政治、思想、學術、文化、生活等資訊，被稱爲「寶藏」也不爲過。書信屬於私領域的文字，其大體上可以說是「以我手寫我心」。它直感、不事掩飾、雕琢，眞實而生動地反映了書信主人的思想情感、學識涵養、秉性愛好，這正是其個性化所在。

本書收錄了多篇中外名人寫給兒女的書信。在給兒女的信中，他們談到了很多，有對人生的感悟，有對孩子的期望，有對兒女未來人生的指引。雖然這些人中，有些人已經離我們而去，但是他們蘊含在文字中的思想，到今天依然閃閃發光，依然對今天的年輕一代有著巨大的指引作用！

閱讀家書，不只是與過去世界的一次對話，更是與無數偉大心靈的一次碰撞，從中，我們可以攫取那些偉大智者的思想精華！

目錄

CONTENTS

第一篇
PART 1

思想導航篇

世上有走不完的路，但沒有過不去的難關，只要有智者在身邊，給思想點上一盞明燈，任何困難只要輕輕一推，就不再對你造成阻礙。

1 你是最優秀的

親愛的孩子：

一九六〇年，哈佛大學的羅森塔爾博士，曾在加州一所學校做過一個著名的實驗。新學年開始時，羅森塔爾博士讓校長把三位教師叫到辦公室，對他們說：「根據你們過去的教學表現，你們是本校最優秀的老師。因此，我們特意挑選了一百名全校最聰明的學生，組成三個班級讓你們來教。這些學生的智商比其他孩子都高，希望你們能讓他們取得更好的成績。」

三位老師都高興地表示一定盡力。校長又叮囑他們，對待這些孩子，要像平常一樣，不要讓孩子或孩子的家長知道他們是被特意挑選出來的，老師們都答應了。一年之後，這三個班級的學生成績果然排在整個學區的前列。

這時，校長告訴了老師們眞相：這些學生並不是被刻意選出的最優秀的學生，只不過是隨機抽調的最普通的學生。老師們沒想到會是這樣，都認爲自己的教學水準確實很高。

這時校長又告訴了他們另一個眞相，那就是：他們也不是被特意挑選出的全校最優秀的教師，也不過是隨機抽調的普通老師罷了。這個結果正是博士所料到的：這三位教師都認爲自己是最優秀的，而且學生又都是高智商的，因此對教學工作充滿了信心，工作自然非常賣力，結果肯定是非常好的。在做任何事情以前，如果能夠充分肯定自我，就等於已經成功了一半。

當你面對挑戰時，你不妨告訴自己：你就是最優秀和最聰明的，那麼結果肯定是另一種模樣。

人類是自己思想的產物，所以我們應當有高標準，提高自信心，並且執著、認眞地相信自己必能成功。最實用的成功經驗就是：「堅定不移的信心能夠移山」。可是眞正相信自己能夠移山的人並不多。的確，眞正做到「移山」的人也不多。關於信心的威力，並沒有什麼神奇或神秘可言。

信心起作用的過程是這樣的：相信「我確實能做到」的態度，產生了能力、技巧與精力這些必備的條件，每當你相信「我能做到」時，自然就會想出「如何去做」的辦法。「依靠自己、相信自己，這是獨立個性的一種重要成分。」

麥可・雷諾茲說道：「信心幫助那些參加奧林匹克運動會的勇士奪得桂冠。所有的偉大人物、所有那些在世界歷史上留下名聲的偉人，都因爲這個共同的特徵而同屬於一個家庭。」

艾麗絲・海倫

「堅定不移的信心能夠移山」，這句話讓我想起了一句成語——「愚公移山」，想當初愚公不就是因爲堅定地相信，自己的子孫一定能夠搬走大山，所以感動了天神，成全了他的心願。由此可見，人的信心實在是一種很神奇的物質。信心可以幫助人們完成偉大的理想。

艾麗絲・海倫女士在這封信中告訴孩子：「你就是最優秀和最聰明的」。

這位女士的說法其實是很有道理的，我們每個人誕生下來，都是一個奇蹟，數以億計的精蟲參加了巨大的戰鬥，但是其中只有一個贏得了勝利——就是構成我們的那個精蟲！這是爲了達到一個目標而進行的一次大規模的賽跑，這個目標就是包含一個卵子的寶貴的願望。這個爲精蟲所爭奪的目標，比針尖還要小，而每個精蟲也是小得要被放大到幾千倍，才能爲肉眼所見。

然而，我們生命中最決定性的戰鬥，就是在這麼微小的場合裡進行的。數以億計的精蟲，在其頭部都包含了一個活細胞，但最後卻只有一個活細胞存活了下來，那個就是構成我們身體的傢伙。它強韌的生命力造就了我們，我們自身也繼承了這份強韌，頑強地誕生、頑強地生長，把自己的生命鑄成輝煌；我們每個人都是那獨一無二的奇蹟，都有著最優秀的聰明才智。在先天來說，我們是沒什麼區別的。只不過在後天的一些教育條件上才顯出了差異。在本質上我們都是最優秀的存在，而這種優秀是不需要與其他人比較的。

我們每一個人都是不同的，每個人又都有自己獨特的性格，是獨一無二的人，這是每一個人寶貴的地方。自然界永遠沒有重複，每一滴雨水和另外的雨水都不同；每一片雪花與其他的雪花都不同；每一朵花和另外的花朵都不同；我們每個人的指紋和別人的指紋也都不同。

我們的優秀絕對是獨一無二，任何猥瑣和世俗的標準，對我們都沒有意義，任何令我們失去或削弱自己價值的東西，都應該拋去！在這個世界上，唯一無法取代的就是我們的存在，唯一無法進行價值交換的，就是我們的價值。

我們之中有一些人習慣於將自己與別人相比，習慣於把他人作爲標準來衡量我們。當我們在報紙上讀到某人取得的偉大成就時，也習慣於從他們的年齡已超過了我們中找到些許安慰：到了他們那個年紀，我們也有可能取得同樣的成功。

把自己與別人相比是毫無意義的，因爲你根本就不知道別人在生活中的目標與動力，你也不具備別人那種獨一無二的能力。你應該這樣想才對：別人有別人的才幹，你有你的才幹。我們常常誤以爲，才幹就是音樂、藝術或智力等方面的天賦，實際上並非如此，我們每個人都有一些奇特的、而自己卻一直忽視的才幹，諸如激情、耐力、幽默、善解人意、交際才能等等，它們是有助於我們取得成功的強有力的工具。

因此，不斷地拿自己與別人相比，只會使你對自我形象、自信以及你取得成功的能力產生負面影響。你應該向一個人請教，你自己的能力是否得到了充分的發掘？這個人不是別人，正是你自己。

名聞全世界的英國首相邱吉爾，他小時候是一個非常愚鈍的小孩，他曾經自述：「大體而論，學校生活相當使我沮喪。所有和我年紀相若的人，似乎在遊戲或功課上都遠比我強。每種競賽一開始就完全落後，那種滋味可眞不好受。」

他年滿十二歲時，由於考試成績不佳，被編入伊頓公學最低年級的基礎班。其後將近一年，他始終停留在那不體面的境地。聰明的學生都修了希臘文和拉丁文，但他卻不能。

他的那一班被學校認爲是「放牛班」，只配讀本國語言——英文。而他又是班上最魯鈍的學生，僅讀英文也要比別人多花三倍的時間，才能讀完三年級，而且，他始終未能在伊頓公學初中畢業。

請想想，假使那時的邱吉爾頹喪自責，放棄了自己，又怎麼可能會有後來的成就？我們每個人實際上都和邱吉爾一樣，具有潛能，只要運用得當，都可以成為偉大的人物。所以一定要告訴自己，並且相信自己，相信自己是獨一無二與優秀的。而「相信」的敵人即是「懷疑」。

懷疑是決心和毅力的殺手，是雄心的敵人，是希望和計畫的破壞者。

人類每天必須面對的最陰險的敵人之一就是自我懷疑。在每個前進的轉彎處，懷疑都會阻擋我們的去路，甚至在我們已經踏上康莊大道之後，仍會在我們的身後晃著它那醜惡的腦袋嘲弄我們。

我們樹立了去實現某項任務的決心，也打算行動了，但是一旦懷疑悄悄地出現，並開始占據我們的心靈，它就會削弱我們的雄心，我們的情緒就會慢慢被懷疑所主導，決心也就會開始動搖。懷疑常常對我們說：「慢慢來，不要著急。現在可不是著手進行這項任務的恰當時機，還是等待一個更為合適的機會吧！」於是那些我們在生活中早已期待的事情，那些我們早已確信完全可以取得巨大成功的事情，就因此而永遠不會眞正開始。我們開始懷疑並不停地等待，直到我們完全喪失做這件事的勇氣。

某些人總是對自己能否完成已經承擔的任務表示懷疑，他們總是在懷疑應該做這個、還是應該做那個。那些猶豫不決的人，就像漂流在海上的一葉小舟，是永遠不會到達任何地方的。他們從不會朝著一個確定的港口航行，他們只是在漂流，隨著海浪漂流而已。

有許多人本來可以獲得巨大的成功，但僅僅因爲他們的懷疑和恐懼，使他們失去了完成事情的信心，這樣，他們實際上就已經失敗了。

要克服這種懷疑心理，只有一個辦法，那就是樹立一種完全不同的信念：相信你能夠完成任何你想完成的事情，並且堅信該項任務值得你爲此而付出努力。

當我們摒棄了懷疑，堅定相信自己之時，一切成功都會變得觸手可及。

2 沒有不可能

親愛的約翰：

我不贊同你的觀點，讓羅傑斯擔當重任、獨當一面。事實上，我曾爲此做過努力，但結果頗令我失望。我的用人原則是：被委以重任者是能找出把事情做得更好的方法的人。但羅傑斯顯然不夠格，因爲他是個思考懶惰的人。

在我有心啓用羅傑斯之前，我曾用一個問題考查過他。我說：「羅傑斯先生，你認爲政府怎麼做，才能在三十年內廢除所有的監獄？」他聽了顯得很困惑，懷疑自己聽錯了。一陣沈默過後，他便開始反駁我：「尊敬的洛克菲勒先生，您的意思是要把那些殺人犯、強盜以及強姦犯全部釋放嗎？您知道這樣做會有什麼後果嗎？如果眞是那樣，我們就別想得到安寧了。不管怎樣，一定要有監獄。」

我希望把羅傑斯那像鐵板一樣的腦袋敲開一道縫。我提醒他：「羅傑斯，你只說明了不能夠廢除的理由。現在，你來試著相信可以廢除監獄，假設可以廢除，我們該如何著手？」

「這太勉強我了，洛克菲勒先生，我無法相信，我也很難找出廢除它的方法。」這就是羅傑斯的辦法——沒有辦法。

我想像不出，當給予他重任，當機會或危難來臨的時候，他是否會動用他所有的才智去積極應對。我不信任羅傑斯，他只會將希望變成沒有希望。

找出把事情做得更好的方法，是將任何事情做成的保證。這不需要有超人的智慧，重要的是要相信能把事情做成，要有這種信念。當我們相信某一件事不可能做到的時候，我們的大腦就會爲我們找出各種做不到的理由。但是，當我們相信——真正地相信——某一件事確實可以做到，我們的大腦就會幫我們找出各種方法。

相信某一件事可以做成，就會爲我們提供創造性的解決之道，將我們各種創造性的能力發揮出來。相反地，不相信事情能夠做成功，就等於關閉了我們創造性解決問題之道的心智，不但會阻礙發揮創造性的能力，同時還將破滅我們的理想。所謂「有志者事竟成」是創造成就的根本，不過如此。

我厭惡我的屬下說「不可能」。「不可能」是失敗的用語，一旦一個人被「那是不可能的」想法所支配，他就能生出一連串的想法，證明他想的沒錯。羅傑斯就犯了這種錯誤，他是個傳統的思考者。他的心靈是麻木的。他的理由是：這已經實行一百年了，因此一定是個好辦法，必須維持原樣，又何必冒險去改變呢？事實上，往往只要用心去想辦得到的原因，就可以達成。「普通人」總是憎惡進步。

我相信，做任何事都不可能只找到一種最好的方法，最好的方法正如創造性的心靈那樣多。沒有任何事是在冰雪中生長的，如果我們讓傳統的想法凍結我們的心靈，新的創意就無由滋長。

傳統的想法是創造性的計畫的頭號敵人。傳統性的想法會冰凍我們的心靈，阻礙我們發展眞正需要的創造性能，羅傑斯就犯了這樣的錯誤。他應該樂於接受各種創意，要丟棄「不可行」、「辦不到」、「沒有用」、「那很愚蠢」

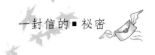

等思想的渣滓；他也要有實驗精神，勇於去嘗試新的東西，這樣就將擴展他的能力，爲他擔負更大的責任做準備。同時，他也要主動前進，不要想：這通常是我做這件事的方式，所以在這裡我也要用這種方法；而要想：有什麼方法能比我們慣用的方法做得更好呢？

各種計畫都不可能達到絕對的完美，這意味著一切事物的改良可以無止境地進行。我深知這一點，所以我經常會再尋找一些更好的方法。我不會問自己：我能不能做得更好？我知道我一定辦得到，所以我會問：我要怎樣做才能做得更好？

要找出完美想法的最佳途徑，就是擁有許多想法。我會不斷地爲自己和別人設定較高的標準，不斷地尋求增進效率的各種方法。以較低的成本獲得較多的報酬，以較少的精力做較多的事情。因爲我知道，最大的成功都是留給那些擁有「我能把事情做得更好」的態度的人。

發展出我能做得更好的態度，這需要培養，要每天想：我今天要怎樣把工作做得更好？今天我該如何激勵員工？我還能爲公司提供哪些特殊的服務呢？我該如何使工作更有效率呢？這項練習很簡單，但很管用，你可以試試看，我相信你會找到無數創造性的方法來贏得更大的成功。

我們的心態決定我們的能力。我們認爲自己能做多少，就眞的能做多少。如果我們眞的相信自己能做得更多，我們就能創造性地思考出各種方法。

拒絕新的挑戰都是非常愚蠢的。我們要集中心思於怎樣才可以做得更多，如此，許多富有創造性的答案都會不期而至。例如，改善目前工作的計畫，或者處理例行工作的捷徑，或者刪除無關緊要的瑣事。換句話說，那些使我們做得更多的方法，多半都在這時候出現。

約翰，你可以跟羅傑斯談談，我希望他能有所改變，到那時候他也許就有好日子過了。

大衛．洛克菲勒

「沒有辦法？」洛克菲勒先生厭惡聽到手下這樣的回答。在他的想法裡，只有思考懶惰的人才會有這樣的看法。「不可能」、「辦不到」、「沒辦法」，這些想法只會拖累人們的能力，對人沒有絲毫好處。所以在告誡兒子的信中，他特別指出：「最大的成功，都是留給那些擁有『我能把事情做得更好』的態度的人。」

與洛克菲勒先生同一時代的汽車大王福特先生，也具有和洛克菲勒先生同樣的信念！他也認爲只要人想做，沒有做不成的事。他的所作所爲也充分展現著他的這種信念！面對市場競爭，仔細研究過後，他要求他的技術人員設計出八個汽缸的引擎。可是，這些工程人員無不認爲，要製造這樣的引擎是不可能的。

福特說：「無論如何我都要生產這種引擎。」

「但是，」他們回答道，「這是不可能的。」

「去工作吧！」福特命令道，「堅持做這件工作，無論要用多少時間，直到你們完成這件工作爲止。」

這些工程人員就去工作了。如果他們要繼續當福特汽車公司的職員，他們就不能去做別的事情。六個月過去了，他們沒有成功。又過了六個月，他們仍然沒有成功。這些工程人員愈是努力，這件工作就愈似乎是「不可能」。

在這一年的年底，福特諮詢這些工程人員時，他們再一次向他報告他們無法實現他的命令。

「繼續工作，」福特說，「我需要它，我決心得到它。」

結果發生了什麼情況呢？

當然，製造這種發動機並不是完全不可能的。後來，福特V-8式發動機裝到最好的汽車上了，使福特公司把他們最強的競爭對手遠遠地拋到了後面，以致他們花了好些年才趕上來。

福特先生相信自己的判斷：在他的面前沒有「不可能」這個詞。如果你像是福特先生和洛克菲勒先生那樣，做到相信、相信、再相信，你就能把不可能的事所含的可能性變成現實，並最後取得成功。

一個能夠成就大事的人，做任何工作都滿懷希望和自信心，非弄出一個優異的結果來不可。他的目光完全放在「成功」兩個字上，絕不跟著人家隨聲附和。只要他作出決定了，就不再畏首畏尾。一切計畫、一切做法，無不由他自己來決定；一切困苦、一切艱難，無不由他自己來承擔；一切阻撓、一切障礙，無不由他自己來排除。他從不自怨自艾，從不向人訴苦，任何責任義務也從不推辭，永遠勇敢承擔，像這樣的人，豈有不成功之理？

老天賦予任何人以能力，無非希望他能成為一個勇敢的人。人生的目的本來只有「成功」二字，你不能永遠在一種猶豫遲疑、畏縮不前的氣氛中生活下去！

大凡古今世界的成功者，無不有著極大的勇氣，敢冒大險、敢與一切艱難困苦作鬥爭，堅強的自信力使他們有膽量去做領袖、去做開路先鋒。

一個意志堅定、敢作敢為的人，永遠信任自己。他遇到任何天大難事，都沈著應付、不倉惶失措。不但他們信得過自己，就連別人也是非常信任他們的。人家都能識別他們勇往直前的性格，永遠不需要求救於人。

但願充滿朝氣的年輕人都能夠相信自己，敢於夢想，敢於大膽地設計未來！

3 勤奮才有收穫

親愛的約翰：

很高興收到你的來信。在你的信中有兩句話讓我十分欣賞，一句是「你要不是贏家，你就是在自暴自棄」；一句是「勤奮出貴族」。這兩句話是我不折不扣的人生座右銘。如果不自謙的話，我願意說，它正是我人生的縮影。

那些不懷好意的報紙，在談到我創造的巨額財富時，常比喻我是一架很有天賦的賺錢機器，其實他們對我幾乎一無所知，更對歷史缺乏洞見。

作為移民，滿懷希望和勤奮努力是我們的天性。當我還在孩童時期，母親就將節儉、自立、勤奮、守信和不懈的創業精神等美德，植入了我的骨髓。我真誠地篤信這些美德，將其視為偉大的成功信條，直到今天，在我的血液中依然流淌著這些偉大的信念。所有的這一切，結成了我向上攀爬的階梯，將我送上了財富之山的頂端。

當然，那場改變美國人民命運與生活的戰爭，讓我獲益匪淺。眞誠地說，它將我造就成了令商界嘖嘖稱奇而又望而生畏的商業巨人。是的，南北戰爭給予了民眾前所未有的巨大商機，它把我提前變成了富人，爲我在戰後掀起的搶奪機會的競技場上獲勝，提供了資本支援，以至後來才能財源滾滾。

但是，機會如同時間一樣是平等的。爲什麼我能抓住機會成爲巨富，而很多人卻與機會擦肩而過、不得不與貧困爲伍呢？難道眞的像詆毀我的人所說，是因爲我貪得無厭、貪婪成性？

不！是勤奮！機會只留給勤奮的人！自我年少時，我就篤信一條成功法則：財富是意外之物，是勤奮工作的副產品。每個目標的達成，都來自於勤奮的思考與勤奮的行動，實現財富夢想也依然如此。

我極爲推崇「勤奮出貴族」這句話，它是讓我永生敬意的箴言。

無論是過去還是現在，無論是在我們立足的北美、還是在遙遠的東方，那些享有地位、尊嚴、榮耀和財富的貴族，都有一顆永不停息的心，都有一雙堅強有力的臂膀，在他們身上都凸顯出了令人尊敬的勤奮創業與敢爲天下先的精神，都閃耀著非凡毅力與頑強意志的光芒。而正是這樣的特質或稱財富，讓他們成就了事業、贏得了尊崇，成爲了頂天立地的人物。

約翰，在這個無限變幻的世界中，沒有永遠的貴族，也沒有永遠的窮人。就像你所知道的那樣，在我小的時候，我的穿著是衣衫襤褸，家境貧寒到要靠好心人來接濟。但今天我已擁有一個龐大的財富帝國，已將巨額財富注入到慈善事業之中。如同萬事萬物都處在永恆的運動、變化之中一樣，尊者卑、卑者尊。這種盛衰起伏變幻，如同滄海桑田、生生不息。出身卑賤和家境貧寒的人，透過自己的勤奮工作、執著的追求和智慧，同樣能功成名就、出人頭地，成爲一代新貴族。

一切尊貴和榮譽都必須靠自己的創造去獲取，這樣的尊貴和榮譽才能長久。但在我們今天這個社會，富家子弟處在一種不進則退的情況之下。不幸的是，他們之中有很多人都缺乏進取精神，好逸惡勞、揮霍無度，以致有很多人雖在富裕的環境中長大，卻不免要在貧困中死去。

所以，你要教導你的孩子，要想在人生風浪的搏擊中完善自己、成就自己，享受成功的喜悅，贏得社會的尊敬，高歌人生，只能憑自己的雙手去創造；要讓他們知道，榮譽的桂冠只會戴在那些勇於探索者的頭上；告訴他們，勤奮是爲了自己，不是爲了別人，他們是勤奮的最大受益者。

我自孩提時代就堅信，沒有辛勤的耕耘，就不會有豐碩的收穫，作爲貧民之子，除了靠勤奮獲得成功、贏得財富與尊嚴，別無他策。上學時，我不是一個一教就會的學生，但我不甘人後，所以我只能勤奮地準備功課，並持之以恆。十歲時，我就知道要盡我所能地多做事，砍柴、擠奶、打水、耕種，什麼都做，而且從不惜力。正是農村艱苦而辛勞的歲月，磨練了我的意志，使我能夠承受日後創業的艱辛；也讓我變得更加堅忍不拔，並塑造了我堅強的自信心。

我知道，我之所以在以後身陷逆境時總能泰然處之，在很大程度上都得益於自小建立的自信心。

勤奮能修煉人的特質，更能培養人的能力。我受僱於休伊特—塔特爾公司時，即獲得了「具備非同一般的能力的年輕簿記員」之名聲。在那段日子裡，我可謂是終日披星戴月、夜以繼日。當時我的雇主就對我說：你一定會成功，以你這非凡的能力。儘管我不明白將來會是什麼樣子，但我相信，只要用心去做一件事，絕不會失敗。

到今天，儘管我已年近七十，但我依然搏殺於商海之中，因爲我知道，結束生命最快捷的方式就是什麼也不做。人人都有權力選擇把退休當作開始或結束。那種無所事事的生活態度會使人中毒。我始終將退休視爲再次出發，我一天也沒有停止過奮鬥，因爲我知道生命的眞諦。

約翰，我今天的顯赫地位、巨額財富，不過是我付出比常人多得多的勞動和創造換來的。我原本是普普通通的常人，原本沒有頭上的桂冠，但我以堅強的毅力、頑強的耕耘，孜孜以求，終於功成名就。我的名譽不是虛名，是血汗澆鑄的王冠，些許淺薄的嫉恨和無知的輕薄，都是對我的不公平。

我們的財富是對我們勤奮的嘉獎。讓我們堅定信念、認定目標，憑著對上帝意志的信心，繼續努力吧！我的兒子。

大衛．洛克菲勒

洛克菲勒先生在信中告訴兒子，「我們的財富是對我們勤奮的嘉獎」，顯赫的地位、巨額的財富，這些東西都可以獲得，只要你比別人付出更多的勞動和創造！

在紐西蘭皇家科學院，有一位中國籍的科學家應旦陽，在異國他鄉成爲了當地皇家科學院的博士，其間靠的是什麼？靠的是「勤奮」！

應旦陽於一九七八年考取浙江大學化工機械系，經過四年勤奮苦讀，取得了學士學位。

一九八二年大學畢業時，以他的成績和條件，可以留在杭州等條件較好的城市工作。當時中國西部地區條件相當差，許多大學生都不願意到那裡工作。但應旦陽知道在蘭州有一家全國唯一的與國外交換研究生的研究院，於是毅然要求分配到化工部蘭州化工機械研究院工作。

在那個艱苦的地方，他並沒有懈怠，利用每分每秒，將自己一步一步推向了事業的高峰！

一九八二年至一九九三年，是應旦陽事業發展的第一個高峰期，他先後獲得一項國家重大裝備科技進步獎、一項甘肅省科技進步獎、三項研究院科技進步獎。

透過十來年的奮鬥，當時已擔任研究院下屬一家研究所副所長職務的應旦陽，可謂事業有成。但他是個不太「安分」的人，他思忖著要到國外去學習先進技術，學有所成後再回來發展。於是，一九九三年，在別人不解的目光注視下，他登上了飛往紐西蘭的飛機，開始在紐西蘭尋求更大的發展空間。

在紐西蘭漢米頓市機場出口，提著兩只旅行箱，舉目無親的應旦陽，望著眼前完全陌生的人潮和車流，不知道該往哪兒走。這時，在飛機上曾受過他照顧、到漢米頓探望兒子的一對老年夫婦，邀請他到兒子家暫住。爲了生存，應旦陽第二天就立刻上街找工作。幾天後，他在一家餐館找到了一份打雜的工作，才算解決了吃住這些基本生存問題。

三個月後，應旦陽又在一家鋁合金公司找到了工作。他從基層工人做起，一段時間後調到公司辦公室幫助管理，進行電腦管理軟體發展。他很快就開發設計出了一套網路管理程式，大大提高了管理效率。由於才幹出眾，進公司五個月後，應旦陽坐上了「經理」這把交椅。

一九九八年，應旦陽辭了職，一心攻讀博士學位，尋找機會謀求更大的發展。

應旦陽一邊潛心攻讀，一邊撰寫學術論文，兩年時間，在國際專業雜誌上，共發表了十多篇有關新材料開發領域的學術論文。

機會總是爲勤奮的人準備的。二〇〇〇年，應旦陽獲得博士學位不久，紐西蘭皇家科學院招納賢才，應旦陽憑著他的實力和這十多篇非常有見地的學術論文，順利地敲開了科學院的大門，走進了紐西蘭最具權威的科學殿堂。

應旦陽是幸運的，從一切從零開始，到戴上紐西蘭皇家科學院科學家桂冠，只歷經了七年時間。但與大多數出國謀求發展且獲得成功的人士一樣，幸運的背後，經歷了不少的艱辛。應旦陽深有感觸地說：「我在國外之所以能夠立足、能夠取得現在的成績，靠的是勤奮和努力。」

應旦陽、洛克菲勒、李嘉誠……，他們的成就是僥倖得來的嗎？他們的成就是憑藉聰明才智創造的嗎？那成就的得來既不是因為僥倖，也不是因為聰明，而是因為勤奮！

曾國藩是中國歷史上有影響的人物之一，在我國的近代史中占有極重要的地位。這樣一個聞名遐邇的人物，很多人認為他是屬於天縱英才之流，但實際上呢？據史書記載，他小時候天賦不高，甚至有點愚笨。

曾有這樣一件事：有一天他在家裡讀書，有一篇文章他不知道已經重複讀了多少遍，卻還在朗讀，因為他還沒有背下來。

偏巧這時候他家來了一個小偷，潛伏在他的屋簷下，那個小偷希望等到屋裡的人睡覺之後，進去撈點好處。可是等啊等啊，就是不見他去睡覺，那個讀書人翻來覆去地讀著那篇文章。小偷大怒，跳出來說：「這種水準讀什麼書？」然後將那篇文章背誦一遍之後，揚長而去！

從這個故事我們知道，曾國藩實在是稱不上天資聰穎，反倒是那個賊人很聰明，至少比曾先生要聰明。但是這兩個人的結局卻不一樣：那個人雖然聰穎、記憶力超凡，只是聽了幾遍的文章就可以複誦，但還是成了一個小偷。

曾國藩的成功，也是勤奮的收穫！

牛頓曾說：「如果你問一個擅長溜冰的人怎樣獲得成功時，他會告訴你：跌倒了，爬起來。這就是成功。」

成功，是由不懈的奮鬥所成就的！

盡力做好自己的事，不斷地克服一個又一個的困難，這樣做，可以提高自己的能力。能力是未來的生存基礎，如果生存能力提高了，在未來的道路上你就能走得更加瀟灑。反之，如果你不能努力於自己的工作，一天混過一天，個人的能力不能持續地提高，企業就很難重用你。於是，你便把自己淘汰於時代的進步之外，在別人前進時，你就已經落後了。

「落後的國家要挨打」，落後的人則將處於失敗者的地位。

每個有志氣的年輕人，都不會希望自己成爲綴在時代尾巴上的人物，那就要從現在開始努力了！

4 勤儉節約出財富

字諭紀鴻兒：

昨接易芝生先生十三日信，知爾已到省。城市繁華之地，爾宜在寓中靜坐，不可出外遊戲征逐。茲余函商郭意城先生，在于東征局兌銀四百兩，交爾在省為進學之用。

印卷之費，向例兩學及學書共三分，爾每分宜送錢百千。鄧寅師處謝禮百兩，鄧十世兄處送銀十兩，助渠買書之資。餘銀數十兩，為爾零用及略添衣物之需。

凡世家子弟衣食起居，無一不與寒士相同，庶可以成大器；若沾染富貴氣習，則難望有成。吾忝為將相，而所有衣服不值三百金。願爾等常守此儉樸之風，亦惜福之道也。

曾國藩

曾國藩先生希望兒子能夠養成勤儉節約的習慣，所以在銀錢上規定甚詳，而且不給兒子留下多少可以胡亂揮霍的銀錢，要求他「凡世家子弟衣食起居，無一不與寒士相同」。曾國藩自己也「守此儉樸之風」，所有衣物加起來還不值「三百金」。堂堂晚清一代名臣，對於自己可謂要求甚嚴。而同一時代的紅頂商人胡雪巖，在杭州修建的第宅園囿，所置松石花木，備極奇珍。姬妾成群，築十三樓以貯之。其住所被稱爲「神州文化瑰寶，中國第一豪宅」。這兩人相比，眞讓人不由感嘆。而兩人的結局也讓人驚醒：曾國藩名垂青史，胡雪巖的富貴光景短短十載。眞是「歷覽前賢國與家，成由勤儉敗由奢」。不要以爲是錢少才需要節儉，其實，越是有錢的人越知道節儉的重要性。

香港富豪李嘉誠非常有錢，這是眾所周知的。有一次他去酒店，車一停，服務生跑上來開門，李嘉誠給了他五十元港幣小費。掏錢的時候突然掉了一個一塊錢的硬幣，那個硬幣滾到了很遠的地方，李嘉誠在眾目睽睽之下，一路小跑過去，把那枚硬幣撿起來，裝進了口袋裡。換成一般人可能也不在乎這一塊錢，而一個億萬富翁，對於這一枚小小的硬幣還珍惜撿起，也許這正是李嘉誠能成為富豪的關鍵之一。

李嘉誠並不缺那一塊錢硬幣，只不過他養成了節儉的習慣而已。在生活中不浪費一枚硬幣，在工作中才會有很強的節省成本的意識。

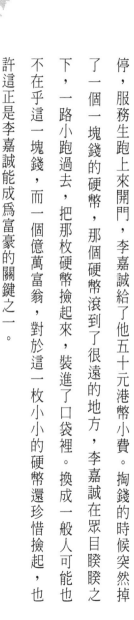

很多人都以為當明星日進斗金，那些光鮮亮麗的風采，都是金錢打造出來的，其實不然。影壇巨星成龍，連續幾年蟬連港台明星收入排行榜冠軍，雖然每年進帳數以億計，但他依然不改窮苦人家出身的節儉習慣，在生活上能省則省。他不買名牌衣服，平常就是普通T恤和牛仔褲示人，遇到重要場合，頂多就是唐衫和一套西裝上陣。

在拍戲時，成龍更是嚴格控制預算。他會告訴劇組工作人員，不要浪費衛生紙、洗手的肥皂要洗到不能洗才能丟、吃不完的便當不能隨便丟，打包起來，加工時又是一餐飯。他的勤儉節約、刻苦耐勞，使得劇組人員都佩服得五體投地。

歌星庾澄慶，平常只要一雙舒服的球鞋、牛仔褲和T恤就可以了。而且腳上穿的和身上穿的，常常都是贊助廠商送的，一毛錢都不用花。

在日常生活上，他更具環保意識。影印紙不只印一面，另外一面也要再利用回收。保特瓶罐不隨便丟，收集起來還要拿去換錢。

這勤儉節約的習慣，西方人一樣有！

說起德國人的節儉來，在西方世界是出了名的，很多大學裡的教授，中午只吃自己帶的兩片麵包夾一片乳酪。有的人儘管家裡每月納稅上萬馬克，中午飯卻極爲簡單。德國人習慣於在街上買一根香腸加一個小麵包當作午飯充饑。麵包屑是絕對不會扔掉的，指頭上黏上的些許油水，也是不能糟蹋的，德國人對此發明了用舌頭舔麵包紙袋和舔指頭的好方法。如果你中午時分走在街上，就會發現許多德國人一邊走、一邊舔著指頭的奇異景象，這可以說是德國街頭一景。

真正能夠成功的人，都知道節儉的重要性。

在二〇〇二年的美國《福布斯》雜誌全球富豪榜中，靠沃爾瑪超市起家的沃爾頓家族五位股東，包攬了其中的第六至十位，是名副其實的全球最富有的家族。

而這樣的家族，當初僅僅是從一個小店起家的，這一切都是山姆．沃爾頓（Sam Walton）——當今世界零售業巨頭沃爾瑪公司的創始人——在短短的三十多年裡創造的奇蹟。

一九一八年，山姆．沃爾頓出生在美國阿肯色州的一個小鎮上。他小時候家境清貧，曾經當過報童，年輕時也時常在其他連鎖百貨店裡打工，因此從小就養成了節儉的習慣。

一九三六年，山姆進入密蘇里大學攻讀經濟學士學位，依靠勤工儉學，於一九四〇年畢業。當時恰逢第二次世界大戰爆發，山姆毅然報名參軍。

第二次世界大戰結束之後，山姆回到故鄉，向岳父借了二萬美元，和妻子海倫在紐波特租到幾間房子開了一家小店，專賣五到十美分的商品。後來山姆來到本頓維爾發展。一九六二年，他開了一家連鎖性質的零售店，取名沃爾瑪（Wal-Mart）。此後三十年，他傾其畢生精力，不懈奮鬥、以身作則、身體力行地實踐他所倡導的一切，將沃爾瑪一步一步帶入輝煌！

山姆一直以勤奮、誠實、友善和節儉的原則要求自己。儘管山姆後來成為億萬富翁，但他節儉的習慣從未改變，至今仍沒購置過一所豪宅，一直住在本頓維爾，經常開著自己的舊貨車進出小鎮。鎮上的人都知道，山姆是個「極端小氣」的老頭子，每次理髮都只花五美元——當地理髮的最低價。

老沃爾頓節儉的性格，激勵和鼓舞著沃爾瑪的所有員工，包括他的幾個兒子。美國大公司一般都有豪華的辦公室，可現任公司總裁吉姆・沃爾頓的辦公室，只有二十平方公尺，公司董事會主席羅賓遜・沃爾頓的辦公室，只有十二平方公尺，而且他們辦公室內的陳設也都十分簡單。正因為如此「節儉」，沃爾瑪才能在短短幾十年內迅速擴張。

只要在沃爾瑪待上幾天，就能發現沒有哪一個企業在省錢方面能做到像它那樣錙銖必較。如果你沒有影印紙，想找秘書要，對方一定是輕描淡寫一句：「地上盒子裡有紙，裁一下就行了。」如果你再強調要空白影印紙，對方一定還是平淡地說：「我們沒有專門用來影印的紙，用的都是廢報告的背面。」除非是非常重要的文件，否則一律用使用過的紙張的背面。

辦公室裡就有一台裁紙機，從部門經理到北方營運總監，大家隨身攜帶的「筆記本」都是用廢棄的報告紙所裁成的。

山姆外出時，經常和別人同住一個房間，沃爾瑪員工自然不能例外。召開「二〇〇一年沃爾瑪」中國年會的時候，來自全國各地的經理級以上代表所住的，只不過是某某招待所而已，雖然能夠洗澡，但是肯定沒有幾星級。每次新的分店開張之前，都會有建設隊的美國專家從總部趕來協助，而他們住的只不過是三星級的賓館，而且在開幕的第二天立刻就走——多待一天，可就多一天開支呀！一到舉辦店慶活動的時候，紅紅綠綠的廣告，不但員工不太可能「近水樓台先得月」，就是對顧客也是限量發售：購物百元以上，才贈送一張廣告。打開廣告彩頁，才發現原來模特兒都是些熟悉的面孔：這個是採購部的，那個是財務部的。幾個小孩子怎麼不曾見過？他們一定都是沃爾瑪員工的子女。

沃爾頓家族的財富，讓世界首富比爾．蓋茲也不得不刮目相看。其成功經驗仍值得今天的企業家借鑑和學習。

對於這些成功的企業家而言，「節儉不是一種美德，而是一種必須」。當節儉也成爲你的必須之時，你離成功也就不遠了！

5 金錢只是一種工具

親愛的兒子：

一位著名的美國作家曾寫道：「是否有人記憶中曾有日子不難過，而錢也不匱乏的時候？」如同那時的人們一樣，我們仍在追求那個飄忽不定的目標——金錢不虞匱乏，而我們似乎並沒有比當時的人更爲接近這個目標。

購買維持生計所需的用品，一定要有錢，問題是：許多人的「生活必需品」，比我們祖父母那一輩的人所能想像的多了許多，否則他們無法過活。

因爲我們的期望很高，所以現在的人幾乎不可能感到金錢不虞匱乏。爲了不落在我們的鄰居後面，我們掏腰包的速度很快，以至於收支不平衡，這種方式絕不會是我們祖先所贊同的。有一種方法可以增加我們的儲蓄，便是不要再去想——若是我們沒有第二輛車以及其他一些東西，我們就趕不上我們的鄰居。

……

最近有人問我，做個百萬富翁，可以買下任何自己想要的東西，究竟是什麼滋味？我想了很久，因爲我壓根就沒想過我能「買任何我想要的東西」，當然囉，要周遊世界根本想都不用想！

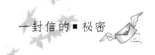

我承認錢財使一個人比較容易被證明是個成功人士，錢也使他不必爲付帳單苦惱，但是它對他並沒有其他的好處。他一次也只能吃一塊牛排。我記得蘇格拉底曾經說過一句極有智慧的話：「看看這一大堆出售的東西，我自問：有多少件是我根本就不需要的？」

擁有許多錢財並不能使人感到更幸福。沒有一樣財富能和你起床時、腳踩在地板上展開新的一天的愉悅相提並論。知道你不用爲付錢擔憂，充其量只是感覺舒服罷了！

許多人以擁有鈔票自豪，他們的自負從眼睛就可以看出來。他們炫耀銀行存款的強烈欲望，讓他們根本不知道節制爲何物。這些人「買」了新朋友便忘了老朋友！應該說，他們的老朋友寧願忘了曾有這樣的朋友。

有一個家庭，因為祖父留下一筆遺產，使原本非常高尚的一家人變成金錢怪物。家人之間的愛、扶持和溫柔，如煙消雲散。一家人為了誰得到什麼、誰得到太多、還有誰更該執導這個「金融帝國」而大打出手。

這樣的景況真令人難過。他們都沒能看清生命中最重要的是什麼。他們的健康、婚姻、子女和未來，都因貪婪而敗壞。坐擁黃金的滋味很好，但會是非常孤寂、悲哀的事，若是你排斥自己最親的人，一心只想擁有那些黃金。

因此，我們每個人都得小心控制自己希望金錢不虞匱乏的欲望。我們得提醒自己，錢只是供你維持合理的生活水準而已；若在此之外，你還有多餘的錢，那都只是「點心」，作為你努力工作的報償而已。若你擁有的錢是父母的血汗，請記得將榮耀歸於他們。

最近，一位朋友便面臨這樣的考驗。在這當中，他們讓我目睹安全感的眞義。

這位朋友原本擁有一百萬美元，但因過度投資股市而損失慘重。股市下跌的同時，他的房地產事業也因爲高利率而貶值。再加上他那項減低大樓能源供需的新式電腦系統，在市場上的接受率極爲緩慢。我曉得他的收入和儲蓄因此減少了一大半。

上週我們一起去釣魚，我問他目前進展如何。

他說：「我這輩子頭一次發現，我只需要這麼少的錢便可以過活。」

他繼續告訴我，他的經濟情形每況愈下。因爲某些人給了他錯誤的法律資訊，使得他把一部分房地產投資脫手變現時，無法和取得抵押的公司解除擔保義務。結果買主不履行義務，抵押的公司便轉回來要他付錢。

他年已五十五歲，卻被迫宣告破產。

我想向他表示我的不安，但他打斷我的話，告訴我：「以某種角度來說，我目前的狀況已經是最好的了。我瞭解到，我只需要極少的錢便可以活在這個世界上。畢生頭一次我將我的注意力放在其他更重要的事情上。我承認，有些時候，多一點錢會方便些，但這種情況不多。」

接下來他所說的這段話，我永遠牢記在心：

「一個人經濟上的安全感，應該建立在個人的天賦和能力上。我已努力發展這兩方面，而這正是我的儲蓄。錢只是顯示這些才能貢獻給工作時的價值而已。當重大事件使我積聚的金錢消失時，我只需從頭開始去充實我的銀行戶頭。我再也不像以前那樣，把金錢不虞匱乏當作人生最重要的事。」

我的朋友在這場「人品見眞章」的考驗中，得到了極佳的成績。我盼望，若是類似的事情降臨在你身上，你也能達到他的水準。他仍然保有他的健康、家庭和朋友，這些才是人一生中眞正的保障。

查斯特菲爾德

查斯特菲爾德伯爵在寫給兒子的信中，論述了自己對於金錢的看法，認爲金錢只是保證自己生活不虞匱乏的一種手段，並不能成爲生活的目的；而「健康、家庭、朋友」，這些才是人一生中眞正的保障。

查斯特菲爾德伯爵的觀點，對於年輕人是很有指導意義的。認爲金錢可以買到一切，認爲這個社會上只有金錢才是最重要的，這些錯誤的金錢觀念已經有表面化的趨勢了，不信，你看誕生了那麼多的順口溜：「錢不是萬能，但沒錢是萬萬不能」、「人生的價值以金錢來衡量」。甚至一些在我們眼中就是金錢的代名詞的人，也說金錢的重要，李嘉誠就說：「世界上並非每一件事情，都是金錢可以解決的，但是確實有很多事物，需要金錢才能解決。」如果年輕人受這樣的人生價值觀支配，未來只能成爲金錢的奴隸。

金錢在我們的生活中的重要性，任何人都無法否認。但是，有了錢就能夠得到幸福嗎？關於這一點，也沒有人敢打包票。物質富足了並不一定能夠帶來人生的滿足。

假如我們住在黑暗狹窄的小房子裡，每天辛苦工作賺的錢，還不夠自己的花用，生活得很窮苦，不能吃美食佳餚，不能逛街、看電影，沒有一個人會覺得這樣的日子是幸福的。但即使是華衣美服、香車寶馬那樣的富裕生活，就代表快樂了嗎？那個時候同樣感覺不到眞正的寧靜和幸福。對金錢永無止境的追求，使自己總被焦慮感、不安全感折磨著。這就是現代人的尷尬處境。現代人在種種物質的包圍下，已漸漸失去了領悟簡單、樸素、平凡生活的能力，以及和這種生活緊密相關的感情，比如相濡以沫、同甘共苦等等。

我們生活在市場經濟之中，不知不覺地就變成了金錢的奴隸。許多人到餐廳吃自助餐，不用多少錢，但是可以隨便吃，就讓自己吃得太撐，吃得難受，只爲了把自己的錢吃回來。因爲不吃白不吃，多吃並不多花錢。爲什麼許多人做出這樣的傻事，因爲要對得起自己所花的錢。還有更多的人被錢所驅使，做出損人不利己的事。我們不是成了錢的奴隸嗎？

有些富人已經有了成千上萬的家產，幾輩子也花不完，但是在金錢上還是斤斤計較，爲了賺錢、晝夜奮鬥，連花錢享受的時間也沒有，到了一腳踏進棺材時才醒悟：這一生究竟得到了什麼？有些企業家，爲了錢，和多年來同甘共苦的合夥人反目成仇，不但丟失了友情，還把企業搞垮，落得人財兩空。更有那些貪污分子，昧著良心黑國家政府的錢，黑老百姓的錢，金錢不可能給他們帶來歡樂，倒是成天的提心吊膽。即使他們的罪行沒有被發現，生活在恐懼之中，有什麼快樂可言！但是他們毫不自覺，因為已經把自己交託給錢了，成了錢的奴隸。做奴隸是痛苦的。人們雖然變得富有了，可是沒有得到更多的快樂，就是因為許多人做了錢的奴隸而變得痛苦。

人不能只為了金錢而活，生命中還有很多其他的東西值得我們去發掘，只為金錢，不會快樂幸福。

在信中，查斯特菲爾德伯爵提到了自己的一個朋友，那個朋友雖然經濟狀況每況愈下，卻發現了生命中其他更重要的事情，回頭想想以前埋頭於賺錢的行為實在是太傻了，只是為了賺錢而賺錢的人最可悲！

錢，其實夠用就行，我們買的很多商品其實我們並不需要，正如蘇格拉底的話：「看看這一大堆出售的東西，我自問：有多少件是我根本就不需要的？」愛因斯坦說：「人們所努力追求的庸俗目標——財產、虛榮、奢侈的生活——我總覺得都是可鄙的。」人生還有其他事情比追求金錢更值得我們去做，追求金錢，只是我們維持生計的一種工具而已。

6 困難之中見好漢

字諭紀鴻：

爾學柳帖《琅琊碑》，效其骨力，則失其結構，有其開張，則無其挽摶。古帖本不易學，然爾學之尚不過旬日，焉能眾美畢備，收效如此神速？

余昔學顏柳帖，臨摹動輒數百紙，猶且一無所似。余四十以前在京所作之字，骨力間架皆無可觀，余自愧而自惡之。四十八歲以後，習李北海《岳麓寺碑》，略有進境，然業歷八年之久，臨摹已過千紙。今爾用功未滿一月，遂欲遽躋神妙耶？

余於凡事皆用困知勉行工夫，爾不可求名太驟、求效太捷也。

以後每日習柳字百個，單日以生紙臨之，雙日以油紙摹之。臨帖宜徐，摹帖宜疾，專學其開張處。數月之後，手愈拙，字愈醜，意興愈低，所謂

「困」也。困時切莫間斷，熬過此關，便可少進；再進再困，再熬再奮，自有亨通精進之日。

不特習字，凡事皆有極困極難之時，打得通的，便是好漢。

余所責爾之功課，並無多事，每日習字一百，閱《通鑑》五頁，誦熟書一千字（或經書或古文、古詩，或八股試帖，從前讀書即為熟書，總以能背誦為上，總宜高聲朗誦），三八日作一文一詩。

此課極簡，每日不過兩個時辰即可完畢，而看、讀、寫、作四者俱全，餘則聽爾自為主張可也。

曾國藩

曾國藩在這封信中所要表達給兒子知道的道理，其實就是一句：「凡事皆有極困極難之時，打得通的，便是好漢。」做每一件事情都可能會遇到困難，當困難像山一樣壓在人們頭上的時候，是立刻調整自己的行為、想方設法度過難關，還是在這種調整中，以環境壓力作爲放棄理想與原則的藉口？這是每個人可能都要面對的一項選擇，選擇對了，成功就在眼前；選擇錯了，有可能與成功擦肩而過！難關，只是成功給予我們的一個考驗！

如果你已經遇到難關，那麼就證明你已經得到了成功的垂愛，將獲得一次改變命運的機會。如果你已經度過了難關，回首再看看，你會說你從未發現過，自己要比自己想像的要偉大、要堅強、要聰明。

堅持一下，成功就在你的腳下；持之以恆地挑戰挫折，直到最後的成功；讓壓力成爲你衝向終點的動力；一個絕境就是一次挑戰、一次機遇；只要堅持一下，總有一天你會成功。

難關僅僅是一段距離、一個門檻和一次洗禮，同樣也是一次轉折、一次醒悟和昇華。在度過難關時，你往往會突破骨髓與血液中的樊籬，超越俗人——甚至包括你自己——所見不同的常規，書寫連你自己都不曾想過的神話。難關是上帝的厚愛，是你的資本、你的證明。

一個人只要不甘心平庸，哪怕是有一點點想法，在把想法透過辦法變成現實的過程中，都會遇到各種各樣的難題、阻力和麻煩。人爲製造的、客觀存在的和偶然發生的，會讓你感到時不我予、英雄氣短的無奈，會讓你有窮途末路、求救無門的尷尬。

人生之所以會有難關，是因爲你要突破、要挑戰。身陷困境，就不要詛咒。上帝把一輛車交給你時，他首先會讓你學習駕駛，或者是讓你扮演一個死於車禍的角色。只有這樣，你才學會控制，學會珍惜和理解。如果你在得到這輛車之前，你詛咒了或者放棄了，上帝會把那輛車收回，讓你只能永遠不停地詛咒或者永遠一無所有。

巴爾札克說：「困境，是天才的進身之階；信徒的洗禮之水；能人的無價之寶；弱者的無底之淵。」

自古英雄多磨難。一個平凡人成爲一個領域的英雄，或者成爲一個時代的英雄，是挫折和磨難使然，因爲英雄和平凡人的區別就在於，英雄在逆境中抓住了逆境背後的機遇，在絕境中創造了奇蹟。而平凡人在逆境中選擇了隨波逐流，在逆境中選擇了放棄。

什麼事情都是成也在人、敗也在人。失敗者並不是天生就比成功者差，而是在逆境或者絕境中，成功者比失敗者多堅持一分鐘、多走一步路、多思考了一個問題。

多一次逆境，就多一分成熟；多一次逆境，就多一次機遇。有些人，正是因爲逆境，才成就了自己不朽的功業！

一八三二年，林肯失業了，這顯然使他很傷心，但他下定決心要當政治家，當州議員。糟糕的是他競選失敗了。在一年裡遭受兩次打擊，這對他來說無疑是痛苦的。

接著，林肯著手開辦企業，不到一年的時間，這家企業又倒閉了。在以後的十七年間，他不得不爲償還企業倒閉時所欠的債務而到處奔波，歷經磨難。

隨後，林肯再一次決定競選州議員，這次他成功了。他內心萌發了一絲希望，認爲自己的生活有了轉機：「可能我可以成功了！」

一八三五年，他訂婚了。但離結婚的日子還差幾個月的時候，未婚妻不幸去世。這對他精神上的打擊實在太大了，他心力交瘁，數月臥床不起。一八三六年，他得了精神衰弱症。

一八三八年，林肯覺得身體良好，於是決定競選州議會議長，但是他失敗了。一八四三年，他又競選美國國會議員，這次仍然沒有成功。

林肯雖然一次次地嘗試，但卻是一次次地遭受失敗：企業倒閉、情人去世、競選敗北。他的境遇絕對可以稱得上是倒楣透頂，這種逆境，沒有多少人可以堅持下來，但是林肯堅持下來了！

一八四六年，他又一次競選國會議員，最後終於當選了。兩年任期很快過去了，他決定要爭取連任。他認爲自己作爲國會議員表現是出色的，相信選民會繼續選舉他。但結果很遺憾，他落選了。

因爲這次競選，他賠了一大筆錢，林肯申請當本州的土地官員。但州政府把他的申請退了回來，上面指出：「做本州的土地官員，必須具有卓越的才能和超常的智力，你的申請未能滿足這些要求。」

接連又是兩次失敗。在這種情況下，你會堅持繼續努力嗎？你會不會說

「我失敗了」？

然而，林肯沒有服輸。一八五四年，他競選參議員，但失敗了；兩年後他競選美國副總統提名，結果被對手擊敗；又過了兩年，他再一次競選參議員，還是失敗了。

林肯一直沒有放棄自己的追求，他一直在做自己人生的主宰。一八六〇年，他當選爲美國總統。

堅持一下，成功就在你的腳下。

一個人想要成大事，必須能夠堅持下去，堅持下去才能取得成功。說起來，一個人克服一點困難也許並不難，難的是能夠持之以恆地做下去，直到最後成功。

《簡愛》的作者曾意味深長地說：人活著就是爲了含辛茹苦。人的一生肯定會有各種各樣的壓力，於是內心總經受著煎熬，但這才是眞實的人生。確實，沒有壓力就會輕飄飄的，沒有壓力肯定沒有作爲。選擇壓力，堅持往前衝，自己就能成就自己。

你不妨再試一次，人生有許多「柳暗花明又一村」的時候。在成長的過程中，特別是幼年時代，遭受外界太多的批評、打擊和挫折，於是奮發向上的熱情和欲望被「自我設限」壓制封殺，又沒有得到及時的疏導、排解與鼓勵。既對失敗惶恐不安，又對失敗習以爲常，喪失了信心和勇氣，漸漸養成狹隘、自卑、孤僻、害怕承擔責任、不思進取、不敢拼搏的精神面貌，從而失去了自己的夢想。這樣的性格，在生活中最明顯的表現就是隨波逐流，沒有人生的目標。與生俱來的成功火種過早地熄滅了。

曾經的失敗，並不意味著永遠的失敗，曾經達不到的目標，並不意味著永遠達不到，你可以有自己的夢想，你可以爲自己的人生樹立一個目標。如果你選擇未來，那麼你是上帝的孩子；如果你選擇過去，那麼你可能仍是「棄兒」。

過去可以決定現在，但不能決定未來。你的目標是爲未來所設定，你在爲你的未來作出選擇。

過去不等於未來。過去你成功了，並不代表未來還會成功；過去失敗了，也不代表未來就要失敗。過去的成功或是失敗，那只代表過去，未來是靠現在決定的。現在做什麼、選擇什麼，就決定了未來是什麼！失敗的人不要氣餒，成功的人也不要驕傲。成功和失敗都不是最終的結果，它只是人生過程的一件事。因此，這個世界上不會有一直成功的人，也沒有永遠失敗的人。

在日常生活中，一個難關就是一次挑戰、一次機遇，如果你不是被嚇倒，而是奮力一搏，也許你會因此而創造超越自我的奇蹟。

7 讓心靈快樂

親愛的哈伯德：

喜樂是人心中的太陽，是來自健全靈魂的特質，是聰明睿智的樂觀者的卓越標誌。

造物主創造我們這個世界，無非是要表現出他內心的喜樂。人世間到處都充滿了喜樂的氣氛，否則的話，造物主又何必勞心費力地創造出天上地上種種五色繽紛的色彩？又何必要有祥雲彩虹、藍天碧水、青山紫茵、紅花綠葉的存在呢？

人世間處處有喜樂，這是不變的事實，即使在動物世界，儘管有弱肉強食的現象，但卻無悲愁、哀苦、憂傷、抑鬱與不歡的存在。蝶舞蜂飛，鹿鳴鳥唱，哪一樣不是顯示出喜樂的樣貌？縱然四季有別，然而寒冷的嚴冬之後，就是豔陽的春天。即使是終年積雪的冰凍地帶，也有不怕寒冷的動物生活在那裡，呈現出一片快樂的生機。

快樂是在心裡，不假外求，求往往不得，轉為煩惱。叔本華的哲學是：苦痛乃積極的、實在的東西，幸福快樂乃消極的、根本不存在的東西。所謂快樂幸福，乃是解除苦痛之謂。沒有苦痛，便是幸福。再進一步看，沒有苦痛在先，便沒有幸福在後。

然而，作為這個快樂世界的主人翁——萬物之靈的人類，不明白這一眞理的卻大有人在。明明是碧空萬里、了無纖雲，但在這種人的心裡，卻是一片愁雲慘霧；明明是星月皎潔、寧靜安靜的夜晚，他心中卻是波濤起伏、輾轉不安。世上本無事，庸人自擾之；大千世界裡的住客，除了人類，還有哪種生物能如此？

其實，只要敞開心胸，快樂也會隨之而來。這個世界、這個人生，有其醜惡的一面，也有其光明的一面。良辰美景，賞心樂事，隨處皆是。智者樂水，仁者樂山。雨有雨的趣，晴有晴的妙，小鳥跳躍啄食，貓狗飽食酣睡，哪一樣不令人看了覺得快樂？就是在路上、在商店裡、在公司裡，偶爾遇到一張笑容可掬的臉，能不令人快樂半天？

但是，境由心生。正是由於人類心情變化轉換的緣故，快樂與憂傷也就可以由人控制，人若想要快樂喜悅，則任憑處於何種環境，都會怡然自得。在悲觀者面對山珍海味而無從下箸時，樂觀者卻對粗茶淡飯甘之如飴。

這便是去年夏天一起散步時，我對你說的喜樂的素質，是一種神奇的創造力，世上再沒有其他事物，能比一個人本身所有的喜樂、愉快、樂觀的心境，爲他解除一切人生的苦境，減輕人生旅途中的顚簸，撫慰其蹭蹬與坎坷，替他創造一個幸福美滿的生活環境的。

你的父親　阿爾伯特．哈伯德

正像阿爾伯特先生所說的，在生活中，我們應該感到平和與快樂，生活中，有很多人雖然經歷了種種的痛苦，但仍擁有一顆快樂的心，那是因爲這些人能從生活中發現快樂。生活並不總是痛苦的，在你不經意間，流失了很多的幸福瞬間；豁達的人看到了這些瞬間，把這些快樂放進了心中，所以即使面對痛苦，他們也能夠坦然度過。阿爾伯特實際上是想告訴兒子：坦然面對生活，讓自己的心靈解放，給自己一個快樂的天堂。

那麼，快樂在哪裡呢？

其實，每個人手裡都握有一把快樂的鑰匙，這個鑰匙是我們自己掌握的，不是別人賦予的，但是很多人總把自己的快樂鑰匙交給別人掌管。

一位男士抱怨道：「我活得很不快樂，因爲我的上司老是壓榨我。」他把自己的快樂鑰匙放在了上司手裡。

一位老師說：「我的學生不聽話，讓我很生氣！」她把鑰匙交在學生手中。

一位婆婆說：「我的兒媳婦不孝順，讓我整天不痛快！」

一位年輕人說：「我去的那家超市收銀員服務態度惡劣，把我氣炸了！」

這些人都做了相同的決定，就是把他們的快樂鑰匙交到了別人的手上。

一個不成熟的人，會把自己的痛苦情緒推到別人身上，認爲是其他人的責任，導致了自己的不快樂。但其實呢，是自己無法掌控自己，只能可憐地任人擺佈。這樣的人使別人不喜歡接近，甚至望而生畏。

一個成熟的人握住自己快樂的鑰匙，他不期待別人使他快樂，反而能將快樂與幸福帶給別人，就像莫札特那樣，把快樂音樂帶給所有的聽者。一個成熟的人，他的情緒穩定，能爲自己負責，和他在一起是種享受，而不是壓力。我們要常常喜樂，不停地禱告，凡事謝恩。

快樂的鑰匙應該掌握在自己手中。

彌爾頓在《失樂園》中有一句話：「意識本身可以把地獄造就成天堂，也能把天堂折騰成地獄。」我們每個人的煩惱和痛苦，都不是因爲事情的本身，而是我們看問題的觀念和態度。

在生活中經常不快樂的人，一種是思想比較狹隘的人，這種人往往把一件小事看得很大、很嚴重；一種是思想比較敏感的人，明明是在說別人，他卻認爲是在影射他，神經過敏、疑神疑鬼，心裡不痛快；還有一種是思想悲觀的人，一事當前，總是如履薄冰、如臨深淵，在困難中看不到希望，在勝利時又時時擔心出問題。「人生不滿百，常懷百歲憂」。這種人，該快樂時快樂不起來，而有了事情就更是沮喪、悲哀了。

如果我們想的都是快樂的念頭，我們就有可能快樂；如果我們想的都是悲傷的事情，我們就會情緒低落；如果我們想到一些可怕的情況，我們就會害怕；如果我們想的是不好的念頭，我們恐怕就不會安心了；如果我們想的淨是失敗，我們就會失敗；如果我們沉浸在自憐裡，大家都會有意躲開我們。

成大事者相信：少一份煩惱，就多一份快樂。正如拿破崙・希爾所說：「忘卻煩惱，學會讓自己快樂。」

生活得快樂與否，完全決定於個人對人、事、物的看法如何；因為生活是由思想造成的。

朋友，記住：天堂與地獄，就在你心中。

第二篇
PART 2

學習篇

學習使人進步，這是一句老話，說了上千年，但是目前依然有自己的生命力，任何人都不能夠否認它的正確性。做個虛心學習的人，才能使自己在社會上立穩腳跟。

書籍是人類進步的階梯。讀書，是在向比自己不知道高明多少倍的人學習，是一種「掘金」式的勞動。讀書的過程就是與智者對話的過程，書裡凝結了智者的知識精華。透過讀書，我們可以方便地獲取智者的經驗所得，進而指導自己更好、更正確地發展自己。

1 知識改變命運

字諭紀澤、紀鴻兒：

今日專人送家信，甫經成行，又接王輝四等帶來四月初十之信，爾與澄叔各一件，藉悉一切。

爾近來寫字，總失之薄弱，骨力不堅勁，墨氣不豐腴，與爾身體向來輕字之弊正是一路毛病。爾當用油紙摹顏字之《郭家廟》、柳字之《琅琊碑》、《玄秘塔》，以藥其病。日日留心，專從厚重二字上用工。否則字質太薄，即體質亦因之更輕矣。

人之氣質，由於天生，本難改變，惟讀書則可變化氣質。古之精相法者，並言讀書可以變換骨相。欲求變之之法，總須先立堅卓之志。即以余生平言之，三十歲前最好吃煙，片刻不離，至道光壬寅十一月二十一日立志戒煙，至今不再吃。四十六歲以前作事無恆，近五年深以爲戒，現在大小事均尚有恆。即此二端，可見無事不可變也。爾於厚重二字，須立志變改。古稱「金丹換骨」，余謂立志即丹也。此囑。

曾國藩

在這封信中，曾國藩雖然是在說讀書的道理，但是推而廣之，讀書也是爲了增長自己的見識，而學習知識，跟讀書其實是一個道理。「人之氣質，由於天生，本難改變，唯讀書則可變化氣質」。讀書可以改變人的氣質，而學習知識則可以改變人的命運。三國時代的呂蒙，本只是一介莽夫，後來在吳王孫權的勸說下開始讀書，整個人都變了，後來有名的智囊魯肅去看他之時，也發出驚訝的感嘆：「士別三日，當刮目相看」。由此可見，知識有多麼重要。

知識對人的作用是巨大的，李嘉誠有句名言：「知識改變命運」，而他本人的經歷就是對這句話的詮釋。

李嘉誠，一九二八年出生於廣東潮州，父親是小學校長。一九四〇年爲躲避日本侵略者的壓迫，全家逃難到香港。兩年後，父親病逝。爲了生計，李嘉誠被迫輟學。

一九五〇年，年僅二十二歲的李嘉誠在筲箕灣創辦長江塑膠廠。一九五八年，李嘉誠開始投資地產市場。一九七二年長江實業上市，其股票被超額認購六十五倍。一九七九年，「長江」購入老牌英資商行「和記黃埔」。一九八四年，「長江」又購入「香港電燈公司」的控股權。一九六〇年代中期，香港地產業陷入低谷，李嘉誠大膽投資地產。一九七九年，收購和黃進入港口運輸業。至一九九五年十二月，長江實業集團三家上市公司的總市值，已超過四百二十億美元。

從貧困少年到「塑膠大王」，從地產大亨到救市的白衣騎士，從「超人」到新經濟的領袖，從管理大師到傳媒高科技弄潮兒，李嘉誠是靠什麼成就了自己的天下？

是知識！是勤奮！

一個原本窮困的少年，憑藉自身的勤奮與智慧，以幾十年的時間，完成了幾代人甚至幾十代人的財富創造神話。

大家一定都知道原微軟公司亞洲區CEO吳士宏，一個自學外語的畢業生，用自己在考試中所獲得的知識，將這艘美國電腦業的航空母艦，平平穩穩駛入了中國大陸這個巨大港灣。她也從一個平凡的鄉下清潔工，轉變爲一個笑傲商場的女強人。知識改變了她的命運，自學讓她有了本質的飛躍。當我們感嘆她的成就與光榮時，請不要忘記——知識的力量，它對個人的命運的巨大推動作用。

學習可以成就人的未來！

有人說，他們是超人，自然成就出超人的業績，而我們是凡人，怎麼能與超人相比？那麼就跟凡人比比看吧！

許振超，一個普通工人的名字，他就是當代產業工人的傑出代表——青島港橋吊隊隊長許振超。

上學讀書時的許振超品學兼優，有考大學、當工程師和科學家的種種憧憬。來到青島港當上裝卸工人後，他沒有就此放棄自己的夢想，許振超靠孜孜不倦的學習和兢兢業業的工作，做出不平凡的業績。他說：「一個人可以沒有大學文憑，但不可以沒有知識；可能進不了大學殿堂，但不可以不學習。」、「我當不了科學家，但可以練就一身絕活，做個能工巧匠。」憑著這樣的信念，原本只有初中文憑的他，在幾十個春秋中，結合本職工作，自修了大學機電專業所有課程，掌握了需要大學畢業科班出身方能駕馭的、當代最先進的吊橋操作和修理技術，並帶領他的團隊，兩次創造貨櫃裝卸世界紀錄。他的工人稱他爲「吊橋專家」，青島港將這一世界紀錄命名爲「振超效率」。

許振超創造出了「超人」的業績，但他不是「超人」。他的求知條件、環境，許許多多的人都具備，甚至比他更好，然而相比之下，卻缺乏許振超那種不懈追求、超越自我的精神，缺乏那種渴求知識、改變命運的信心、毅力和勇氣。「年齡大了不好學」、「底子薄不會學」、「條件差不能學」、「文憑到手不用學」，乃至「已經富了不必學」等等觀念和思想並不少見。

當代之世界，科技日新月異，資訊、知識、技術不斷發展。在這種形勢下，學習，不斷地學習，才能成就未來！

有某位作家說過：「學習是一個人的眞正看家本領，是人的第一特點、第一長處、第一智慧、第一本源，其他一切都是學習的結果、學習的恩澤。」

人們常說，人來到世界上既十分不易，又十分榮幸。那麼，就一定要倍加珍惜，活出豐富、活出精彩。孜孜不倦地學習，使人明目、使人醒腦、使人提高、使人開朗、使人健康、使人高尚、使人得到全面發展。學習可以使人生價值得到最充分展現。

2 學習要有毅力

〈為學〉

天下事有難易乎？爲之，則難者亦易矣；不爲，則易者亦難矣。人之爲學有難易乎？學之，則難者亦易矣；不學，則易者亦難矣。

蜀之鄙有二僧，其一貧，其一富。貧者語於富者曰：「吾欲之南海，何如？」

富者曰：「子何適而往？」

曰：「吾一甁一缽足矣。」

富者曰：「吾數年來欲買舟而下，猶未能也。子何適而往！」

越明年，貧者自南海還，以告富者，富者有慚色。

西蜀之去南海，不知幾千里也，僧富者不能至，而貧者至焉。人之立志顧不如蜀鄙之僧哉！是故聰與敏者，可恃而不可恃也；自恃其聰與敏而不學者，自敗者也。昏與庸，可限而不可限也；不自限其昏與庸而力學不倦者，自力者也。

彭端淑

彭端淑是清代雍正時期的進士，歷任吏部侍郎、順天府（今北京）鄉試同鄉考官等職。辭官後回到四川，主持錦江書院，是四川著名的學者。他的兒子和侄子，一開始學習不用功，爲了使他們懂得從小立志、勤奮學習，長大會有出息的道理，他特地寫了〈爲學〉，以此來勸誡他們努力用心，學習要有毅力。只要能夠有恆心毅力，就能夠像那個西蜀的窮僧人一樣，達成自己的夢想。

彭端淑在信的一開頭就說：「天下事有難易乎？爲之，則難者亦易矣。不爲，則易者亦難矣。人之爲學有難易乎？學之，則難者亦易矣；不學，則易者亦難矣。」意思是說：天下的事情有難易之分嗎？努力去做它，就是難的也容易了；不去做它，就是容易的也變難了。做學問也是一樣，雖同樣有難易之分，但是，「學之則難者亦易矣；不學，則易者亦難矣」。只要人肯學習，再難的也會變得容易；不肯學習，容易的也會變難。

當然，在學習的問題上，人可能有聰明愚笨之分，先天條件不一樣，而這會不會對人產生影響呢？爲此，彭端淑還講了西蜀兩個和尚的故事。其目的是要說明這樣一個道理：先天的條件不是學習成敗的決定性因素，而起決定性作用的，往往是志向和毅力。彭端淑在故事的結尾評論說，有些人立志，反倒趕不上四川偏遠地區的那個窮和尚，學習怎麼能取得成績呢？

從和尚去南海的故事中，彭端淑進一步引申出這樣的結論：「學習的成敗，並不取決於天資的高下，而是取決於主觀上是否努力。只要鍥而不捨，學而不倦，就是天資差一些，也能有所成就；如果自恃聰明而放棄學業，就是天資再好，也將一事無成。

綜合彭端淑所說的：一個人，即使他的資質愚鈍、才能平庸，樣樣都趕不上人家，但他天天學習，持久而不懈怠，也能取得成功。當他取得了成功的時候，別人就不覺得他愚鈍、平庸了。一個人，如果他天生資質聰穎、才幹練達，樣樣都比別人強上一倍。但他把這些優越條件放在一邊，而不去利用，到頭來，他不僅不能取得成功，反而與那些愚鈍、平庸而又不肯學習的人沒有什麼區別了。

在孔子的諸多學生中，最終把老師的一套理論傳下來的，不是別人，正是被人們認爲天資比較愚鈍的曾參。爲什麼最後是曾參傳下了孔子的理論呢？因爲曾參能夠堅持地學習孔子的思想，不懂就問、不明就學、不輟用功，最後，他的成就反而比那些聰明才智勝於他的人大。正是這份堅持的毅力，造就了曾參在我國歷史上的不朽地位。

荀子說：「騏驥一躍，不能十步；駑馬十駕，功在不舍。」、「水滴石穿，繩鋸木斷。」

學習貴在堅持，成功也同樣貴在堅持，要取得成功，就要堅持不懈地努力。

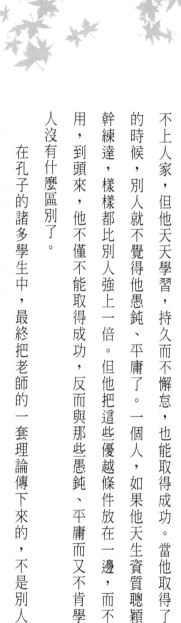

很多人的成功，都是飽嘗了數不清的磨難之後得到的。

被魯迅譽爲「史家之絕唱，無韻之離騷」的《史記》，其作者司馬遷是享譽千古的文學大師，可是他是在什麼情況下取得這麼大的成就呢？漢武帝爲了一時的不快，閹割了這位堂堂的大丈夫，對他而言，這是多麼大的恥辱！爲他帶來的身心傷害是多麼的巨大！是我們這些正常活著的人所無法想像的。從此，他只能在四處不通風的、炎熱潮濕的小屋裡生活，不能見風，不能再無畏的欣賞太陽花草，換一個人，簡直就活不下去了。

司馬遷也曾想過死，對於當時的他來說，死是最容易的解脫方法了。可是他還有夢，他的夢想就是寫一部歷史的典籍，把過去的事記載下來，傳諸後世，別讓歷史把一切都湮沒了。爲了這個夢，他堅持了下來，堅持著身體的痛苦，堅持著忍受了別人歧視的目光，堅持著在嚴酷的政治迫害下活著，發憤繼續撰寫《史記》，並且終於完成了這部光輝著作。

他靠的是什麼？還不是靠堅持而已。要是他在遭受了宮刑以後，喪失了一切鬥志，不堅持寫《史記》，那麼我們現在就再也看不到這本巨著，吸收不了他的思想精華。所以，他的成功、他的勝利，最主要的還是靠堅持。相較而言，他的著作所帶給我們的震撼倒是其次了，他的堅持的精神所激勵鼓舞我們的更多。

石頭是很硬的，水是很柔軟的，然而柔軟的水卻穿透了堅硬的石頭，這其中的原因無他，唯堅持而已。

＊　＊　＊

有個年輕人去微軟應徵，但公司並沒有刊登過招聘廣告，總經理疑惑不解，他就問這個年輕人原因。年輕人用不太嫻熟的英語解釋說自己是碰巧路過這裡，就貿然進來了。總經理感覺很新鮮，破例讓他一試。面試的結果出人意料，年輕人表現糟糕。他對總經理的解釋是事先沒有準備，總經理以為他不過是找個託詞下台階，就隨口應道：「等你準備好了再來試！」

一週後，年輕人再次走進微軟的大門，這次他依然沒有成功。但比起第一次，他的表現要好得多。而總經理給他的回答仍然與上次一樣：「等你準備好了再來試！」

就這樣，這個年輕人先後五次踏進了微軟的大門，他最終被公司錄用，成爲公司的重點培訓對象。

記住這句話：再長的路，一步一步地總能走完；再短的路，不邁開雙腳將永遠無法到達。再多一點努力、多一點堅持，你會驚奇地發現：空氣裡到處都開滿著絢爛的成功之花。

3 平時的努力更重要

〈示子〉

我初學詩日，但欲工藻繪。
中年始少悟，漸若窺宏大。
怪奇亦間出，如石漱湍瀨。
數仞李杜牆，常恨欠領會。
元白才倚門，溫李眞自鄶。
正令筆扛鼎，亦未造三昧。
詩爲六藝一，豈用資狡獪，
汝果欲學詩，工夫在詩外。

〈夜坐示桑甥十韻〉

好詩如靈丹，不雜膻葷腸。
子誠欲得之，潔齋祓不祥。
食飲屑白玉，沐浴春蘭芳。
蛟龍起久蟄，鴻鵠參高翔。
縱橫開武庫，浩湯發太倉。
大巧謝雕琢，至剛反摧藏。
一技均道妙，佻心詎能當？
結纓與易簀，至死猶自強。
〈東山〉、〈七月〉篇，萬古眞文章。
天下有精識，吾言豈荒唐。

〈冬夜讀書示子聿〉

古人學問無遺力，

少壯工夫老始成。
紙上得來終覺淺，
絕知此事要躬行。

陸游

陸游（西元一一二五～一二一〇年），字務觀，號放翁，越州山陰（今浙江紹興）人，南宋著名詩人，官至寶章閣待制。陸游著有《劍南詩稿》、《渭南文集》、《南唐書》、《老學庵筆記》等。後人把他的詩文編爲《陸游集》。

他教子的方法很多，其中有一點很特別：就是善於向兒孫們傳授自己爲學的心得體會，用以教育兒孫。

我們簡潔概括一下以上三首詩：

〈示子〉向兒子傳授長期摸索出來的做詩方法，「汝果欲學詩，工夫在詩外」。意思是說：你如果眞想學習寫詩，那麼就不能光是去鑽研辭藻、技巧，而要多把精力和時間用在思想修養、生活體驗等方面。在這首詩裡，陸游回顧自己一生的創作道路，包括所走過的彎路，把自己成功的經驗，連同失敗的教訓告訴了兒子：詩歌是六藝之一，來不得半點虛僞和僥倖，要在思想深度等方面下苦功。整首詩告訴兒子，做詩不能光在詞藻上下工夫，不能靠僥倖，應認眞鑽研大詩人的作品，還應在詩外，即在思想深度等方面下苦功，才可以寫出力能扛鼎的作品。這正是陸游本人的經驗之談。

〈夜坐示桑甥十韻〉指點外甥做詩要長期累積思想和素材，厚積薄發。

在〈冬夜讀書示子聿〉這首詩裡，陸游根據自己的爲學經驗，總結出兩則具有普遍意義的眞理：一則是，一個人只有從年輕時起肯下工夫，到老時才能取得成就；另一則是，光靠學習書本上的知識是不夠的，要想全面、深刻地獲得各種知識，還必須親自去做，在實踐中學習。「紙上得來終覺淺，絕知此事要躬行」這兩句詩，精闢地道出了「知」與「行」的關係，至今仍被人們廣泛引用。「書生事業期千載，得失人來未易評。」這些都是陸游爲學的心得體會。陸游這首寓意深刻、富有哲理、千百年來爲人們所傳誦的教子詩，同樣也是詩人的經驗之談。

古人云：「千里之行，始於足下」，做學問與實踐，一切都必須從基礎做起。從起跑線出發，打好了基礎，才能更深入地學習。詩人陸游希望自己的兒子能夠平日多學習，這樣才不會「書到用時方恨少」，要趁著年輕的時候多學習，「少壯工夫老始成」，學習——一生的事業——需要馬上行動，利用點滴時間才能有所成。

如果不能馬上行動，徒然浪費了自己的大好青春，只會得到下面這個數學家的結局：

等待！

有一位數學家，對學問有著很刻苦鑽研的精神，每一個問題他都能想很久很久。

這位數學家的名氣很大，尤其是他鑽研學問的精神，吸引了眾多的追隨者。有一天，一個美麗的姑娘來到他的面前，說：「偉大的先生呀，讓我作你的妻子吧。我這麼愛你，錯過我，你再也找不到比我更愛你的女人了。」

數學家也很喜歡她，但是這麼大的事情，總要仔細地考慮清楚才行。就對她說：「讓我考慮考慮！」

姑娘走後，數學家拿出他一貫研究學問的精神，將結婚和不結婚的好、壞所在分別條列下來，然後仔細斟酌其中的優劣得失，研究了半天，才發現好壞均等，這該如何抉擇？於是，他又再次反覆論證，以期求出一個結果，爲此他陷入長期的苦惱之中。

後來他的一個朋友實在看不下去了，就說：「人若在面臨抉擇而無法取捨的時候，應該選擇自己尚未經歷過的那一個。不結婚的處境你是清楚的，就是你現在這樣，但結婚會是個怎樣的情況你並不知道，你應該拿出實踐的精神，去親身研究才對。所以，你應該答應那個女人的央求。」

數學家覺得朋友說得有理，才不再徬徨，來到了那個向他求愛的女人家中，但是那個女人已經不住在這裡了，在五年前她就死了。女人的母親說：「你爲什麼不早點來呢？我的女兒一直在等你！每天都盼著你來！結果你一直沒有來。她絕望了，承受不住這種悲傷，已經傷心地死去！你爲什麼不早點來呢？」

對呀，「你爲什麼不早點來呢？」，多麼深刻的一句話呀！當你心愛的女孩還沒有出嫁的時候，你爲什麼不來追求呢？當青春還把握在自己的手裡時，你爲什麼不能好好利用它呢？當市場還沒有被別的商家占領的時候，你爲什麼不早來呢？當一項新的科學研究還在萌芽的時候，你爲什麼不快來爭取呢？當……

可惜人生沒有後悔藥可吃。年輕人呀！如果你還不趕緊搶占位置，社會的大舞台上注定沒有你的席位。

朋友，面對學業，珍惜自己的青春；面對事業，盡情揮灑自己的熱情；面對人生，就一定要有及時行動的決心！

4 抓緊時間好好學習

親愛的小約翰：

我有很多話要對你說。並且，我現在對你所要說的和從前的教育有所不同了。因為，從現在開始，你已經不是小孩子。你即將踏入社會，在這個看不見硝煙的戰場上迎接挑戰。因此，今天是你一生中重要的一天。你二十年的學校生活已經結束，我相信你已經學到了不少的理論知識，你可以正式投入到現實社會的工作行列中了，你應該感到非常高興。

孩子，在你進入社會之前，我對你的教育也許嚴厲了一些，剝奪了你的很多娛樂時間。可是，你是知道的，那是為了讓你接受更多正式教育。現在你精神構造方面的骨架已經成熟，你要將過去長年努力的成果，運用到競爭殘酷的真實社會中，藉以維持你的生計，確保你的地位，然後進行更大的發展。

你希望成爲優秀的企業家，但有許多年輕人卻沒有你幸運，他們爲了生活，爲了生存而掙扎，他們不知道自己的目標在哪裡。也有的人雖然選擇了目標，可是卻無法進入追求目標的行列中。你想過爲什麼嗎？你和他們不同的是，你有一個像我一樣的父親，我可以把我多年在企業的經驗和心得無私地告訴你，把我總結的我們祖先——邁爾斯．摩根一六三六年登上美洲大陸務農開始，經過歷代的刻苦經營和創造，到發展地產、金融所有的成功經驗都傳授給你，希望你繼承我們摩根家族的傳統和事業。你想，你是否比他們幸運得多？你有目標，也有工作，這就是好的開始。

我要求你從正式踏入公司的第一天開始，必須每天準時上班、勤懇工作，先在基層磨練，以瞭解和學習企業運轉的每個環節。保持工作的紀律性很重要。試想一個連準時上班都無法做到的人，又怎麼能擔負重任呢？我們企業上班的時間都是固定的，下班時間則視個人的工作需要而定，具體時間由自己的工作需要來確定。通常情況，有些公司上班的時間並沒有硬性規定。如果不能接受我們公司必須準時上班的人，可以試試那些公司。我不希望跟你約好七點鐘見面，你八點鐘才姍姍而來。即使你是一個管理者，也一樣要準時上班。

在工作中，你應該常常接近那些長年為公司發展盡心盡力的同事們。我想你一定能謙虛地吸收他們的經驗與管理知識！在這個階段，如果你想要有所改革的話，不要操之過急，因為時機還未到。如果你對目前的做法有任何改變的意見（當然是指更好的方法），儘管提出問題無妨。但是，必須注意在進行時不要太過嚴格。成功者不是守株待兔的人，成功者往往是一面學習、一面等待適當時機的人。

在工作中，只要你謙虛學習，你就一定能接受到優秀的指導。我想你應該由銷售部開始學習，等你有了相當瞭解之後，我會安排你和客戶見面，讓你瞭解自己並且發揮推銷能力。這些客戶與公司交往的時間都比你的年齡還要大，從他們那裡你可以知道一些他們對公司的認識。還要提醒你的是，在你跟客戶握手之前，必須盡可能地先瞭解對方，從客戶的立場來說，第一印象非常重要，他只會給你一次機會。所以一開始你就必須先下點功夫，給對方留下一個好印象。否則，往後你得花費一、兩年或更多的時間，才能重新抓住客戶的心，你出發的腳步就不得不慢下來了。

你剛進公司，必須記住「多聽少說」。如果你想成爲一個善於言談的人，要從先學會做一個善於傾聽的人開始。你要學會鼓勵別人多談他們自己，聽取他們的建議，從而才能更客觀地看待問題、做出正確的決策。過去，當我決定錄用一個推銷員時，我會給他兩、三個客戶做一番試驗，如果有一個客戶批評「話太多」時，我就絕對不會錄用這個人。其實，這個理由很簡單：言多必失，與其自行暴露缺點，倒不如認眞擇言，因爲人們往往欣賞知識豐富，卻不吹噓的人。我們的客戶尤其如此。

你要把剛開始工作的階段作爲鍛鍊和實習。在這段時間，你要注意觀察每一個新進職員，就像觀察學校的新生一樣。同時，注意別人也在戴著有色眼鏡看你。一個小小的過失，就會給人深刻的印象。所以，你必須注意你的言行舉止。也許這番話會使你害怕，但是也不必太過擔心，因爲「羅馬不是一天造成的」。況且，我寫這封信的目的，是給你個建議。另外，也是將工作興趣的追求，做個簡單的闡述。

你所受的教育，可以清楚知道你的目標是成爲一名優秀的企業家，換句話說，你對本公司的工作具有相當的適應性。在過去的二十年，我觀察你成長的過程，發現你凡事不會太過強求，是個有彈性的人。但是，你是否能夠發現工作的樂趣，就要看你自己了。

人的進步是靠不斷地學習，不進則退。你具有理想、自主、責任感，這會使你的工作成爲生活中的快樂。但是，你也不要忘記，競爭是多方面的。三十年後的企業界巨人，也在這個時候，與你一同進入眞實社會，投入企業之爭。

最後，我還想再說一句，未來企業界的巨人，絕不是出了校門後便不再鞭策自己努力用功的人。他們只不過是將用功的時間改變，在平常生活中加入適當的娛樂調劑，夜晚及週末也成爲他們用功的時間，就是這樣。由於企業的大小事都要我去拿主意，我沒有更多的時間陪你，要靠你自己去不斷地學習累積。每個做父親的都希望自己的兒子能成大器，我也一樣。

你的父親　約翰・皮爾龐特・摩根

老摩根在寫給兒子的信中，強調了初入社會也必須堅持學習的態度。要把理論運用到實踐，抓緊時間不斷地學習，這樣才能使人眞正的進步。所以他勸告兒子，即使工作了，也要繼續學習，在工作與生活中不斷地學習，多加鞏固，這樣才能眞正把知識記在心裡。

「學習使人進步」，這是一句老話了，說了上千年，但是目前依然有自己的生命力，任何人都不能夠否認它的正確性。做個虛心學習的人，才能使自己在社會中立穩腳跟。只要我們尋找，生活中到處都有學問，每個人都有值得學習的地方。

對於那些即將走上社會的年輕人，更要記住這個道理，要有終生學習的心態。不管你有多能幹，你曾經把工作完成得多麼出色，如果你一味沉溺在對昔日表現的自滿當中，「學習」便會受到阻礙。如果你不能不斷地追尋各個領域的新知識，以及不斷地開發自己的創造力，你終將喪失自己的生存能力。因爲，現在的社會對於缺乏學習意願的人是很無情的。人們一旦拒絕學習，就會迅速貶值，所謂「不進則退」。轉眼之間就被拋在後面，被時代淘汰。

二十一世紀是以人的全面發展爲重點的世紀。無論是作爲經濟人、社會人還是文化人，既沒有不學習的人，也沒有不學習的工作，這個時代要求每一個人，包括管理層人員、專業層人員、操作層人員，都必須具有學習願望、學習精神、學習能力。只有學習，才能創造競爭中自己的優勢，最大限度挖掘人的潛能和智慧，發揮我們的創造性和主動性。一個企業，決定其生存能力的，不是最長的那塊木板，而是最短的那塊木板。

年輕人，你們要走上工作崗位了，無論是進入什麼崗位，都要儘量避免使自己成爲那塊最短的木板，否則就要有會被解僱的準備，老闆們是不可能用一塊短木板來扯自己後腿的，他們隨時準備用一塊較長的木板，來替代較短的木板，年輕人應該使自己能成爲會自動升高的木板。

學習是每個人的必修課，是縮小自己與優秀分子差距的最快、最好的辦法，也是實現職業升級最行之有效的方法。

現在我們處於知識經濟時代。知識改變命運，知識創造財富的例子，越來越多地呈現在我們的面前。每個人所要做的，就是快速地改變自己，加入到學習的行列，不斷豐富自己的知識體系，改善知識結構，使自己成爲知識型的人才。

如果你還是莘莘學子，那麼你還有可以學習的黃金時間，趕緊把握住眼前的時光吧，它們一旦失去，就再也找不回來了。

如果你已經走上工作崗位，那麼一天中除了工作的時間之外，所剩的時間有限，學習需要擠出時間，見縫插針，點滴累積。

如何學習？讀書就是一個很好的選擇。有針對性地選擇一些專業書籍和管理書籍，在學習工作之餘閱讀，吸收最新、最前沿的知識，改善自己的知識結構和知識體系，補充知識養料，更好地服務於未來的職業生涯設計。

書籍是人類進步的階梯。讀書是在向比自己不知道高明多少倍的人學習，是一種「掘金」式的勞動。讀書的過程就是和專家對話的過程，書裡凝結了專家、學者、優秀分子的知識精華。透過讀書，我們可以方便地獲取專家、學者的經驗所得，進而指導自己更好、更正確地學習。

爲了更好地完善自己的職業生涯，更好地實現職業生涯的目標，年輕人需要不斷地努力，不斷地完善和超越自我。

5 讀書啊！讀書

字諭紀澤、紀鴻兒：

澤兒在安慶所發各信及在黃石磯湖口之信，均已接到。鴻兒所呈擬連珠體壽文，初七日收到。……澤兒看書天分高，可文筆不甚勁挺，又說話太易，舉止太輕，此次在祁門為日過淺，未將一輕字之弊除盡，以後須於說話走路時刻刻留心。

鴻兒文筆勁健，可慰可喜。此次連珠文，先生改者若干字？擬體係何人主意？再行詳稟告我。

銀錢、田產，最易長驕氣逸氣。我家中斷不可積錢，斷不可買田。爾兄弟努力讀書，絕不怕沒飯吃，至囑！

澄叔處此次未寫信，爾稟告之。

聞鄧世兄讀書甚有長進，頃閱賀壽之單帖壽稟，書法清潤。茲付銀十兩，為鄧世兄（汪滙）買書之資。此次未寫信寄寅階先生，前有信留明年教書，仍收到矣。

曾國藩

在曾國藩的信裡，有一句話說得好：「爾兄弟努力讀書，絕不怕沒飯吃。」西漢學者劉向認為：「書猶藥也，善讀者可以醫愚。」可見書籍促成人的成長。

列寧說：「書籍是巨大的力量。」

書籍之肇始甚早，文字發明之後，即有書籍。不過，在東漢蔡倫改進造紙術之前，所用以載文者，竹木而已。載於竹者，曰簡；載於木者，曰牘；把簡牘連接接長，則謂之策。可以想見，那些記事的竹木簡牘有多沉重，秦始皇統一六國後，每天需要批閱的奏章加起來超過二十公斤。

直至漢朝時，發明造紙術，這種情況才有了改變。紙，價值既廉，得之亦易，而且還可以長久保存，此後遂以紙張為書寫之獨用品。而造紙術的西傳，也使世界享受到中國這一偉大發明的巨大利益，知識得以傳播，文明呈幾何倍數發展。

古今中外，不知有多少人讚揚書的偉大作用：

・書籍是年輕人不可分離的生命伴侶和導師。（高爾基）。
・光陰給我們經驗，讀書給我們知識。（奧斯特洛夫斯基）。
・熱愛書吧——這是知識的泉源！只有知識才是有用的，只有它才能夠使我們在精神上成為堅強、忠誠和有理智的人，成為能夠眞正愛人類、尊重人類勞動、衷心地欣賞人類那不間斷的偉大勞動所產生的美好果實的人。（高爾基）。
・理想的書籍，是智慧的鑰匙。（列夫・托爾斯泰）。
・和書籍生活在一起，永遠不會嘆氣。（羅曼・羅蘭）。
・各種蠢事，在每天閱讀好書的影響下，彷彿在火上烤一樣，漸漸熔化

（雨果）。

在某種程度上來說，是書成就了人類的文明。

笛卡兒說：「讀一本好書，就是和許多高尚的人談話。」

當代畫家黃永玉曾說過和這句話意思相近的話語：「與一個聰明的人談話是幸運的。讀一本好書，就是和一個聰明的人談話，讀一萬本好書，就是和一萬個聰明的人談話，多划算呀！」

在當今競爭日趨激烈的情況下，人們很突出的一個感覺，就是擔心自身現有的文化素質，不能完全適應時代的需要。爲了改善生存和發展狀況，當務之急就是學習、學習、再學習。一個人的能力並不應該以讀書的多少來衡量。很多人都同意高學歷不一定代表高能力，但往往高學歷能有高收入，這也是一個不爭的事實。多讀書，這其實也是一種人力資本投資。難怪中國古人要說：「書中自有黃金屋，書中自有顏如玉。」

讀書，可以開茅塞、除鄙見、得新知、增學問、廣識見、養性靈。人之初生，都是好學好問，及其長成，受種種的俗見俗聞所蔽，毛孔骨節，如有一層包膜，失了聰明，逐漸頑腐。讀書便是將此層蔽塞聰明的包膜剝下。

培根《論讀書》也曾說明讀書的好處：「讀書足以怡情，足以傅彩，足以長才。其怡情也，最見於獨處幽居之時；其傅彩也，最見於高談闊論之中；其長才也，最見於處世判事之際。練達之士雖能分別處理細事或一一判別枝節，然縱觀統籌、全局策劃，則捨好學深思者莫屬。」

越是從讀書中獲得了實利的人，越喜歡讀書。

曾獲得諾貝爾物理學獎的美籍華裔物理學家楊振寧博士認為，大凡學習方法，無非是「滲透性」讀書和「按部就班」的常規式讀書。他認為，知識是相互滲透和擴展的，掌握知識的方法也應該與此相適應。專心學習一門課程，或潛心鑽研一個課題時，如果有意識地把智慧的觸角伸向鄰近的知識領域，必然別有一番意境。在那些熟悉的知識鏈條中，如果嵌接上不熟悉的新知識鏈條中的一環，則很可能得到意想不到的新發現。

因此，他對於那些相關專業的書籍，只要時間和精力允許，都拿來讀，暫時弄不懂也不要緊，一些有價值的啓示，也許正產生於半通之中。他說，這「可以說是一種滲透性的學習方法。你看了一個東西不太懂，但多看幾次以後，就會不知不覺地吸收進去了，這是一種很重要的學習方法。尤其是搞前沿科學的，這是必要的、不可少的學習方法之一。」

在這個競爭日益激烈的社會，讀書長知識更是重要。「書到用時方恨少」，隨著年齡的增長，隨著工作生活閱歷的增大，你會對此話有更深刻的認識。因為，你所需要的知識會越來越多，越來越感到知識的不足，越來越體會到知識的可貴。

讀書要有持之以恆之心，不要蜻蜓點水，三天打魚，兩天曬網，讀書最可寶貴的是「堅持」二字。在生活困難的時候，能堅持讀書；在工作繁忙的時候，能堅持讀書；身體有病的時候，能堅持讀書；在心情不愉快的時候，能堅持讀書；在形形色色的誘惑面前，能堅持讀書……

古人云：「梅花香自苦寒來」，語雖平常，卻道出讀書堅持的重要。古人讀書「懸樑刺股」，有這種堅忍不拔的精神，什麼樣的書讀不懂呢？南宋理學大家朱熹，一生中的大部分時間都在讀書、教書，他提倡讀書要「緊用力」，就是說要善於利用時間，要「饑忘食，渴忘飲，始得」，在精神上要振作，要有剛毅果決、奮發勇猛的精神。「如撐上水船，一篙不可放緩」，還要「居敬持志」，就是說讀書精神必須專一、全神貫注，要有頑強的毅力。

讀書的時間只能擠，只能從工作中、休息中、家務中、朋友應酬中擠出來，否則讀書便無從說起。正像魯迅先生所說的，「時間就像海綿裡的水，越擠越多」。少逛街、少旅遊、少應酬、少……讀書的時間便由此而來。

讀書必須耐得了寂寞。世人只曉得木棉花彤紅如火，鳳凰花一片一片美如朝霞，梅花冰清玉潔，荷花出淤泥而婀娜多姿，只曉得對花兒極盡讚美之詞，卻不知道，如果沒有根在泥土下默默無聞地工作、甘於寂寞，哪會有紅、黃、白、紫……等各色各樣的美麗花兒？同樣，讀書如果經不住寂寞，也是不會有好結果的。讀書是寂寞的事，沒有一份忍耐的心志，就聞不到書中的香、書中的美。所謂「書中自有顏如玉，書中自有黃金屋」，只有肯下功夫讀書，在別人歡樂、熱鬧、遊逛的時候，自己能夠修身養性，靜下心來，寂寞專注地苦讀，才能體會到書中的「黃金屋」、「顏如玉」。

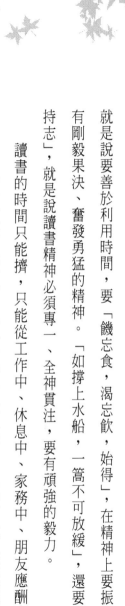

書，對於懶惰的人是一堆廢紙，對於虛浮的人是一堆擺設，對於勤奮的人才是一座寶藏。所以，朋友，讀書吧！把人類累積下的知識當作你的寶藏吧，你將受益無窮！

第三篇
PART 3

為人處世篇

給人以真誠的關注，讓每個遇到你的人都感到他是重要的。體貼他人的感情，不要在意別人對你的尖刻評論，學會超脫。不急於求回報，把幫助他人而得到的欣慰作為最好的回報。

1 與人為善

親愛的哈伯德：

多少年以前，有一位著名詩人自問：「世界上有哪一個人的作爲，能滿足世人的所有需要和欲望？」他想了一整夜，後來他自己回答：「沒有一個人做得到。」

儘管是最接近、最親愛的人，也不能做得與我們所要求的完全符合。即使是關係最密切、最親近的人，也不能像我們所想的那樣，做得十全十美，使我們全都滿意。如果你能認清這個事實，這便是人生智慧的一部分。忽略了這一點，或者是看不清這一點，我們就會不滿足於現狀，因而希望獲得更多，也要求更多了。這樣一來，人生就顯得很悲慘了。

旁人誤會你的意思是一件很痛苦的事，相反地，旁人瞭解你，則是一件令人歡喜的事。英國作家賈斯特頓批評德國人說：「你心裡沒有一面小鏡子，所以看不見旁人的觀點。」這句話也適用於旁人身上。

我們需要體諒身經百戰歸來的將士。在槍林彈雨中突圍歸來的人們，不是肉體上客觀存在過創傷，就是在精神上受過創傷。或者是兩方面都受過創傷。這些身經百戰的英雄們，如果他們要講話，就讓他們講；即便他們保持沈默，那麼我們也尊重他們，就讓他們沈默。受過戰爭恐怖的人，一下子不容易找到生活的重心。總之，不要把他們看作問題人物。他們不是要人家憐惜，最需要的是體諒。

有一顆體諒他人的心，就彷彿獲得了一把鑰匙，能開啓本來關閉著的大門。人類既機靈又害羞，如果你保持一種不怎麼體貼的態度，對方就會覺察出來，馬上像蚌殼一樣，立刻關起來，躲避我們。

所以我認爲時常要求得到更多的善意、更多的愛心、更多的體諒。有了這些，那麼憐憫、歡笑和喜樂也隨之而來，使我們可以度過正常的生活。那時候，因爲我們有足夠的愛心，所以人家也不會躲開我們。到那時候，我們看到人家所表示的善意時，一定會非常驚奇。

你的父親　阿爾伯特·哈伯德

阿爾伯特先生希望兒子能有一顆體諒他人的心，能懷抱善意，對他人付出愛心。這個「善」字就是他送給兒子的禮物。

中國傳統文化歷來追求一個「善」字：待人處事，強調心存善良、向善之美；與人交往，講究與人爲善、樂善好施；對己要求，主張獨善其身、善心常駐。記得有一位名人說過，對眾人而言，唯一的權力是法律；對個人而言，唯一的權力是善良。

有一個老盲人，在夜晚走路時，手裡總是提著一個明亮的燈籠，別人看見，好奇地問：「你自己看不見，爲什麼還要提著燈籠走路？」他笑著答道：「我提燈籠並不是爲自己照路，而是讓別人容易看到我。這既方便別人，也保護了自己。」老盲人的話讓人感動。他是一位智者，懂得與人爲善、利人利己的道理。

人生在世，難免會有旦夕禍福。要想走好漫長的人生道路，就應當學習提燈籠的老盲人，爲別人照路，也照亮自己。處處先替別人著想，眞誠地關愛他人，也就會得到別人的關心和幫助。

人世間最寶貴的是什麼？法國作家雨果說是「善良」——「善良是歷史中稀有的珍珠，善良的人幾乎優於偉大的人。」

有一個故事說：一場暴風雨過後，成千上萬條魚被捲到一個海灘上，一個小男孩每撿到一條便送到大海裡，他不厭其煩地撿著。

一位恰好路過的老人對他說：「你這樣做又能救活幾條魚？還是放手吧！」小男孩流著淚說道：「我這麼做，是因爲我在乎，牠也在乎！」老人爲之慚愧。

美國作家馬克吐溫稱善良爲一種世界通用的語言，它可以使盲人「看到」、聾子「聽到」。心存善念之人，他們的心滾燙、情火熱，可以驅趕寒冷、橫掃陰霾。善意產生善行，與善良的人接觸，往往智慧得到開啓，情操變得高尚，靈魂變得純潔，胸懷更加寬闊。與善良之人相處，不必設防，心底坦然。

與人爲善是做人的一種積極和有意義的行爲。它可以爲自己創造一個寬鬆和諧的人際環境，使自己有一個發展個性和創造力的自由天地，並享受到一種施惠與人的快樂，從而有助於個人的身心健康。人際關係是不必苛求的。你認眞爲自己周圍的人做事，盡一己所能幫助周圍的人，解決他們的困難，你個人的親和力就自然散發出來，從而引起別人與你交往的強烈願望。交往的時候我們一定要設法處於一定的主動性的地位，令自己富於魅力。

「與人爲善」無非只是要做到以下幾點：

◎以不干涉之心尊敬他人

每一個人，哪怕是我們自己的孩子，都是「自由」的人、獨立的人，即使我們撫養他們，也不能改變他們的自由性、獨立性。我們對待他們最合理的態度，無疑是「生而不有」、「養而不恃」。對於「別」的人，我們更沒有理由指手畫腳、越俎代庖——無論我們是多麼愛他們。

◎以不求回報之心幫助他人

與人爲善並不是爲了得到回報，而是爲了讓自己活得更快樂。你在日常工作和生活中，無非是想豐富你的生活，實現你的價値。而這所有的一切，歸根結柢，都來自於你是否善待他人。與人爲善使你有一種充實感，你知道沒有很多人會故意和你過不去。與人爲善不僅給你財富，還使你擁有被他人喜愛的充實感。

只有與人爲善才能求得長遠財富。生活中常常有人需要我們的幫助，如果力所能及，請不要猶豫，尤其是不要講求回報率。不要總覺得自己有恩於別人，總是「惦記」別人的報答，這樣對別人或對自己而言都是一件很累的事。「求仁得仁又何怨」，這樣的善就是不講條件和沒有負擔的，我們要「積德行善」，但是並非累積進入天堂的資本，而只是實現了與人爲善而已。

◎以不計較之心寬容他人

大家在一條路上，難免磕磕碰碰，所以「寬容」就是生活中的潤滑劑，寬容別人，我們不會失去什麼，反而會收穫平和，使得「交」「通」順暢。寬容因而也是一種自信、一種智慧。現實生活中，有些人不討人喜歡，甚至四面楚歌，主要原因不是大家故意和他們過不去，而是他們在與人相處時總是自以為是，對別人百般挑剔，隨意指責，人為地造成矛盾。

只有處處與人為善，嚴以責己、寬以待人，才能建立與人和睦相處的基礎。在很多時候，你怎麼對待別人，別人就會怎麼對待你。善待他人是人們在尋求成功的過程中，應該遵守的一條基本準則。在當今這樣一個需要合作的社會中，人與人之間更是一種互動的關係。我們去善待別人、幫助別人，才能處理好人際關係，從而獲得他人的愉快合作。孟子曾經說過：「君子莫大乎與人為善」。那些慷慨付出、不求回報的人，往往更容易獲得成功。

◎以不隱匿之心規勸他人

每個個體都有它的局限性，大家都有一些毛病，當你診斷出了那些毛病，覺得它們可能導致方向性的錯誤時，應該坦率地予以規勸，所謂「諍友」的難得，正在於此。

我們在這裡討論的是「與人爲善」的問題，但當你接受別人的善意和幫助的時候，千萬不要認爲那是理所應當的。「滴水之恩，以湧泉相報」，實際上「湧泉」只是一種比喻，你的報答最終應該是對「善」的認同和推廣。同時，每個人對於自己行爲的負責和最大程度的獨立，是對社會最有價值的貢獻，「寄生」是走向墮落的開始。

與人爲善可以給我們帶來好心情，還可以給我們帶來身體上的健康。研究表明，人的心理活動和人體的生理功能之間，存在著內在聯繫。良好的情緒狀態，可以使生理功能處於最佳狀態，反之則會降低或破壞某種功能，引發各種疾病。美國耶魯大學病理學家對七千多人進行跟蹤調查，結果表明，凡與人爲善的人，死亡率明顯較低。

良好的人際關係不單單是行動上做出來的，更是從心底裡流出來的。這句富有哲理的話告訴我們：在人際交往中要以誠待人，用心和他人交往。在追求成功的過程中，任何人都離不開與他人的合作。尤其是在現代社會裡，如果你想獲得成功，就應該想方設法獲得周圍人的支持和幫助。生活就是這樣：對人多一份理解和寬容，其實就是支持和幫助自己，善待他人就是善待自己。如同中國有句古語說的那樣：「授人玫瑰，手留餘香」。

老子說：「既以爲人，己愈有；既以與人，己愈多」，你釋放出善意與幫助於他人，也能收穫更多的善意與幫助！

2 愛你的敵人

親愛的兒子：

「愛你的敵人」是件很難做到的事，因爲絕大部分的人看到「敵人」，都會有滅之而後快的衝動，或環境不允許，或沒有能力消滅對方，至少也保持一種冷淡的態度，或說說讓對方不舒服的嘲諷話，可見要愛敵人是多麼難。就因爲難，所以人的才能有高有低，成就有大有小，也就是說，能當眾擁抱敵人的人，他的成就往往比不能愛敵人的人更大。

能愛自己的敵人的人，是站在主動的地位，採取主動的人是「制人而不受制於人」。你採取主動，不只迷惑了對方，使對方搞不清你對他的態度，也迷惑了第三者，搞不清楚你和對方到底是敵是友，甚至誤認爲你們已「化敵爲友」；可是，是敵是友，只有你心裡才明白，但你的主動，卻使對方處於

「接招」、「應戰」的被動態勢，如果對方不能也「愛」你，那麼他將得到「沒有器量」之類的評語。所以當眾擁抱你的敵人，除了可在某種程度之內降低對方對你的敵意之外，也可避免惡化你對對方的敵意。換句話說，在為敵為友之間，留下了一條灰色地帶，免得敵意鮮明，反而阻擋了自己的去路與退路。地球是圓的，天涯無處不相逢。

此外，你的行為，也將使對方失去再對你攻擊的立場；若他不理會你的擁抱而依舊攻擊你，那麼必將招致他人的譴責。而最重要的是，「愛你的敵人」這個行為一旦做了出來，久了會成為習慣，讓你和人相處時，能容天下人、天下物，出入無礙，進退自如，這正是成就大事業的本錢。

艾麗絲．海倫

父母都希望自己的孩子能夠快樂地生活，這種快樂來自很多方面，其中一點就是放開自己的心胸，不對敵人心存怨恨，更進一步來說，是要愛自己的敵人。

「愛自己的敵人」，這是多麼不可思議的一句話呀！大多數的人面對敵人，是恨不得他去死的，「愛敵人」，是在說笑話嗎？

對自己的敵人心懷仇恨，這在大多數人看來是如此自然的事情，根本不會去想這是否正確。其實，憎恨敵人又能給我們什麼好處呢？當我們對人心懷仇恨時，就是給對方更大的力量來打擊我們，給他機會破壞我們的睡眠、胃口、健康與心情。如果我們的敵人知道，他竟帶給我們這麼大的煩惱，他一定高興死了！畢竟，憎恨傷不了對方一根汗毛，卻會把自己的日子變成煉獄。許多心懷仇恨的人，因爲天天不快樂，而被無藥可醫的病痛折磨。

所以，眞正聰明的人，是不會浪費自己的時間與感情去仇恨別人的。愛因斯坦臨終前說過這樣的話，「我所有做的事情，都是發自我內心的事情，就是這樣做，到我這輩子快結束的時候，得到了很多的讚賞和獎勵，這些東西讓我心裡面非常不安，可是在我這一生中，有好多的人設下了仇恨的劍，可是他對我沒有任何傷害，因爲他們跟我不在一個世界裡。」正是這種態度，使得那些仇視愛因斯坦的人，即使再不願意也得承認，愛因斯坦確實比他們高明。

有人問美國總統艾森豪的兒子，他父親因軍人從政而遭到許多批評，他父親會不會因此而懷恨別人。結果他回答道：「沒有，我父親從不浪費一分鐘去想那些他不喜歡的人。」這種人生觀，應該是艾森豪比其他戰功更高的美國將領更有成就的原因。

韓國總統金大中，曾經特赦了判他死刑又計畫暗殺他的全斗煥，他也是奉行不對敵人心存報復的理念。因為金大中知道，他跟其他韓國人一樣，不能在國家存亡的時刻，浪費精力在怨恨上。

在商場上，大家相信的是「多個朋友比多個敵人要好」，怎樣才能多個朋友呢？忘記其他人對你的不好，告訴自己只記得他人的好，當你成為寬厚大度的人時，你的朋友就會越來越多。

要想不對自己的敵人心懷仇恨，關鍵就是要懂得寬恕。

蘇聯作家葉夫圖申科在自己的作品中，講述了這樣一個眞實的故事：

第二次世界大戰中，已經是德國戰敗，戰爭即將結束的日子了，在蘇聯一九四四年的一個冬天，已經飽受戰爭創傷的莫斯科此時非常的寒冷，蘇聯俘虜了一批大約兩萬人的德國戰俘，他們排成縱隊，從莫斯科大街上依次穿過。

這個時候，因爲是嚴冬，天空中飄飛著大團大團的雪花，氣溫很低，但所有的馬路兩邊，依然擠滿了圍觀的人群。大批蘇軍士兵和治安警察在戰俘和圍觀者之間，劃出了一道警戒線，用以防止德軍戰俘遭到圍觀群眾憤怒的襲擊。

這些老少不等的圍觀者大部分是婦女，她們來自莫斯科及其周圍鄉村。她們之中每一個人的親人，或是父親、或是丈夫、或是兄弟、或是兒子，都在德軍所發動的侵略戰爭中喪生。她們都是戰爭最直接的受害者，都對悍然入侵的德國軍人懷著滿腔刻骨的仇恨。

當大隊的德軍俘虜出現在婦女們的眼前時，她們全都將雙手握成了憤怒的拳頭。呼嘯的人群前撲後擁，她們希望擠上前去，哪怕只是靠近一點點，要不是有蘇軍士兵和員警在前面竭力阻攔，她們一定就衝上去了，她們渴望把這些殺害自己親人的劊子手撕成碎片。

這些德國俘虜們都低垂著頭，膽顫心驚地從圍觀群眾的面前緩緩走過。他們這些人中還有很年輕的軍人，也許只有十六、七歲吧，他們的臉上滿是恐懼與無助，在憤怒的人海中，隨時都有被仇恨吞噬的危險。他們從內心深處感受到了這種危機。

這個時候，突然有一位上了年紀、穿著破舊的婦女走出了圍觀的人群。她平靜地來到一位員警面前，請求員警允許她走進警戒線去好好看看這些俘虜。員警看她滿臉慈祥，覺得她應該沒有什麼惡意，便答應了她的請求。於是，她走過警戒線，來到了俘虜們的身邊，顫巍巍地從懷裡掏出了一個印花布包。打開一層一層的布，裡面是一塊黝黑的麵包。她不好意思地將這塊黝黑的麵包，硬塞到了一個疲憊不堪、拄著雙拐，艱難挪動的年輕俘虜的衣袋裡。嘴裡還說著：「只有這麼一點了，眞不好意思，你湊合著吃點吧！」年輕俘虜怔怔地看著面前的這位婦女，剎那間已淚流滿面。他扔掉了雙拐，跪倒在地上，給面前這位善良的婦女重重地磕了幾個響頭。其他戰俘受到感染，也接二連三地跪了下來，拼命地向圍觀的婦女磕頭。

於是，整個人群中憤怒的氣氛一下子改變了。婦女們都被眼前的一幕所深深感動，紛紛從四面八方湧向俘虜，把麵包、香菸等東西塞給了這些曾經是敵人的戰俘。

什麼是寬恕？就是當一隻腳踏在紫羅蘭的花瓣上時，它卻將香味留在了那隻腳上。這就是艾麗絲所說的愛自己的敵人。

敵人是無法用武力徹底消滅的。徹底消滅敵人的最好方法，就是用愛把他們變成朋友。

寬恕別人對我們來說可以難，也可以容易，關鍵在於你的心靈是如何選擇。當一個人選擇了仇恨，那麼他將在黑暗中度過餘生；若選擇了寬恕，那麼他能將陽光灑向大地。當我們的心靈爲自己選擇了寬恕的時候，我們便獲得了應有的自由。因爲我們已經放下了仇恨的包袱，無論是面對朋友還是仇人，我們都能夠贈以甜美的微笑。

3 人情練達即文章

自古創業之君，功涉勤勞，達人情，周物理，故處事閒當。甯成之君，生長富貴，若非平昔練達，少有不謬者。故吾特命爾日臨群臣，聽斷諸司啓示，以練習國政。唯仁不失疏暴，唯明不惑邪，唯勤不溺於安逸，唯斷不牽於文法。凡此皆心爲權變。

吾自有天下以來，未嘗暇逸，於諸事務唯恐毫髮失當，以負上天託付之意。戴星而朝，夜分而寢，爾所親見。爾能體而行之，天下之福也。

朱元璋

這是朱元璋在寫給太子的信中曾說過的話，這段話的意思是說：

自古以來，創業的君王經歷了千辛萬苦，通達人情世故，所以處理事情比較妥當。守業的君主生長在皇帝家裡，從小富貴，如果不是平時磨練得通達事情，很少有不荒謬的。所以，我特意命令你每天到朝廷接觸群臣，聽取和決斷各官署奏報上來的事情，以練習執掌國家政權。只有仁愛，才能不失於粗暴；只有明察，才能不惑於邪僻；只有勤懇，才能不貪圖安逸；只有專斷，才能不牽累於成文法。凡此種種，都必須通達權變。

我自從奪取天下以來，未曾有過閒暇和安逸的時候，對於所有事物的處理，都擔心有一絲一毫的失誤，以致辜負上天把天下託付給我的用意。每天天未亮就上朝，到半夜時才能就寢，這都是你親眼見到的事。你能對我這番訓示身體力行，那就是我朱家天下的福分了。

朱元璋作為一個封建帝王，在給太子的這封信中，對太子進行「練達」的教育。告誡兒子：「練達」的途徑在於磨練。自古以來，創業的君主經歷了千辛萬苦，通達人情世故，所以處理事情比較妥當。守業的君主生長在皇帝家裡，從小富貴，如果不是平時磨練得通達事情，很少有不荒謬的。所以建議兒子作爲監國，從現在開始就學習著處理國事。

接著還向太子介紹「練達」的四種方法。即：唯仁不失疏暴，唯明不惑邪，唯勤不溺於安逸，唯斷不牽於文法。

而且，他還把「練達」的方法昇華到一點上，點出了「練達」的精髓在於「權變」，即「凡此皆心爲權變」。

在信的最後，朱元璋還以自身的事例作爲例證，說明「練達」的途徑、方法的正確性，同時再三教育太子身體力行，如「吾自有天下以來，未嘗暇逸，於諸事務唯恐毫髮失當，以負上天託付之意。戴星而朝，夜分而寢，爾所親見。爾能體而行之，天下之福也。」

雖然朱元璋是以封建皇帝的身分在教育太子，其中包含著封建政權的獨裁腐朽。但是，朱元璋所要求兒子通達事務、學會處理人情世故這點是古今皆然的，對現今的年輕人也依然有著指導意義。而要人情練達，就要先學會與人相處。

人活在這個世界上，免不了要跟各種各樣的人打交道，無論身處偏僻的山村，還是安身於繁華的都市，無論是在工廠、企業、公司，還是學校、醫院、商店，都是活生生的人來人往的世界，這個世界是多姿多彩的，又是千奇百怪、千差萬別的。處在這個紛繁複雜的世界中的人也是各種各樣的，他們性格不一，志趣相異，他們或者由於工作需要，或者爲了某種目的，發生著或大或小、或親或疏的關係，由此形成了大大小小、各式各樣的群體、組織、團體等。當你孤身一人闖入這個社會，首先需要獲得的便是一個良好的公共關係。人際關係非常重要，如果不能學會與人友好相處，在這個社會上生存就會格外艱難，所以很多人都會努力經營自己的人際關係，爭取與身邊的人達成一個和諧的關係。如果能夠慎重地建立關係，而且妥善地維持的話，成功是指日可待的。那麼，怎樣才能與周圍的人相處融洽呢？

我們常說人際關係，那麼人際關係是什麼呢？所謂人際關係有兩種，希望你們能隨時將這兩種的不同點牢記在腦海裡。

首先是對等的人際關係，這是實質、力量都完全相等的二者所建立的互惠關係，可以自由交流、交換資訊。如果相互的能力不能獲得認同，或者不能確信對方願意為我傾盡心力的話，這個關係就不能成立。最基本的條件是相互之間要保持敬意。

雖然偶爾也有相互之間利害衝突的情形，但是絕對不能因此而破壞彼此相互依存的關係，即使利益真的產生對立，也應該彼此相互退讓一下，共同研究出統一的行動。

另一種是不對等的人際關係，這種情形是指一方有地位、財產，而另一方有實質和能力。在這種關係裡，恩惠是單方面付出的，而且這個恩惠通常不表現在表面上，而是巧妙地掩藏著。

蒙受恩惠的人會儘量努力去討對方歡心，做對方喜歡的事情，而且可以一直忍受著對方的優越感；給予恩惠的一方，操縱著相互關係的核心，這個人如果能夠巧妙地操縱的話，被操縱者一定可以獲得很大的利益。但是只有單方面帶來利益的關係是非一般化的。雙方的關係並不會真正的和諧，一旦這種利益關係不存在了，這種不平等的人際關係也就消失了。要不就得努力保持著這種利益關係的存在，但是誰又能保證這點呢！所以，這種建立在利益基礎上的關係，並不是我們的好選擇。

我們所需要的眞正的人際關係不是第二種，而是第一種互惠式的關係。

那麼，怎樣在生活中與他人建立這種關係呢？以下一些竅門可供參考：

◎所有好的開始往往都要由自己來創造

主動與他人進行交談，如果連與他人交流都做不到，是絕對無法與他人建立起正常的朋友關係的。在一個充滿陌生人的場合，雖然周圍都是不認識的人，但是這又有什麼可怕的呢？他們很可能面臨著與你相同的煩惱。這個時候，你要硬著頭皮，主動迎上前去，與身邊的人說話，隨便說一些什麼公共的話題，如：「今天天氣眞好」之類的話。通常這樣的話題不會讓人反感，而且又能使雙方交流起來，漸漸地，隨著談話，雙方就會熟悉起來，這樣你就會又認識了一位朋友，對於你建立與他人的關係很有幫助。

◎「幹勁」與「耐性」乃是與人相交不可或缺的兩大要件

對年輕人而言，成爲讓人們喜愛的人物，踏入社會之後，能闖出一番事業來，這些夢想並非不可能。如果你們能擁有十足的幹勁、堅強的韌性，必能事半功倍。其實，在這種年紀，只要多留意幾分謹愼及謙虛，必然會到處受歡迎。所以，只要去除年輕人特有的浮躁，常保持朝氣蓬勃、快活開朗的心情，就能堂堂正正地步入人群之中。

◎幫助朋友們糾正錯誤

如果你希望交到眞正的朋友，就一定要幫助朋友糾正他們的缺點、錯誤，完善他們的人格，幫助朋友和自己一起成長。儘管朋友們可能會因爲你當時的行爲而激怒，然而，充滿誠懇、智慧的表現，更能打動對方的心。你應該盡可能審愼地調查自己朋友的性格，以及現今的種種狀況。如此一來，便能充分地掌握正確的行爲舉止。你要稱讚人們所具有的優點，也要論及別人的缺點。因為，雖然只是一些老生常談的議論，對方也可能誤認為你的讚賞是針對他而發，因而沾沾自喜不已。

◎誠懇邀請朋友們幫助你

在與你最為親密的五、六人之中，不論男女，你不妨請求他們，若是他們察覺經驗不足的你，行事上有太過分或不禮貌時，應該立即毫不客氣地加以指責。當你在得到了朋友的訓責之後，應謹記友誼的可貴，不可忘了深致感謝之意。如此一來，朋友們會感到你的誠心眞意，他們必然能知無不言、直言不諱。你也能在別人的幫助下，逐步改正自己的缺點。相應地，朋友們或許也會利用相似的方法和態度，請求你時時地鞭策、督促他。於是，彼此間的友誼將能更加穩固，你便能逐漸革除自己身上的一些不良品性。

這樣的人際關係才是互惠互利的長久關係。

4 友情的可貴

親愛的哈伯德：

人不能孤獨地生活，因爲一個人太寂寞、力量太單薄，無法成就事業，會覺得沒有安全感和溫馨的生活。此時，我們便能體會到友情的可貴。

友誼能從哪裡出現呢？一個人遇到另一個人，互相開開玩笑，友善地對話，在「有空一起吃午飯吧」的催化作用下，一段友誼便開始了。順便提一下，除非你眞心實意，否則不要發出這樣的邀請，因爲不付諸實施的話，別人會覺得你虛僞。

人的天性使你在生意場上更傾向於朋友的私人關係。如果一個人覺得對你沒有感覺，那麼與他培養友情是徒勞無益的。如果有人熱切地想與你交友，而你對他並無好感，這才是更糟糕的，但是在這種情況下仍應保持風度。

世界上最牢固的友誼，往往是在熟識的人中產生的，而其中，夫妻間的友誼堪居首位，親子之誼可能次之，再者是你與你的父輩之間的友誼，其後爲姻親……。可是很多人將血緣關係與婚姻關係中的友情放棄了，這樣的悲劇屢見不鮮。這種最爲親密、珍貴的友誼，是需要隨時呵護的，而與家族之外的友誼需要悉心培育。

與自己尊敬景仰的人相交，使你不禁自信滿溢，因爲表明對方也尊敬景仰著你，樂於與你交談做伴。若被自己仰慕之人邀請參加某些私人的聚會，更是一種無上的榮幸和愉快。

你已經聽我解釋過很多次，我們的大腦資源利用得何其之少，我們的潛力又何其之大。與良友促膝交談，可以激發和擴大我們的大腦潛力，人生還有何事能勝於此？

威廉·奧斯勒先生說：「對年輕人來說，幸福最基本的要素就是友誼。」沒有比這更貼切的話了。在人生的高峰與低谷中，還有什麼要求比朋友般的友誼實在?當你洋洋得意時,當你沮喪失意時,除了貼心好友之外,你還會對誰傾訴心聲?

什麼是「好朋友」?該如何描述呢?好吧,據我觀察,多數人能與你同悲,卻未必能與你同喜。因此,我認爲,眞正的好朋友,是能爲你的成功眞心喜悅、而不是心懷嫉妒的人,他能發自內心地對你說:「太棒了!只要你願意,你一定還能做得更好!」一人榮耀而一人反之,是對友誼最大的考驗。即使是最要好的朋友(甚至夫妻),有時也無法忍受這樣緊張的情形。無疑地,很多友誼也因此走向了枯竭。

一個性格忠厚、德操有嘉、勇敢堅定的人,是一個值得尋求與珍惜的朋友,因爲這種人很少。經常聽說:「如果掰著手指頭數自己的朋友,能超過一隻手,就該爲自己感到慶幸。」我還得加上一句:「即使那隻手被電鋸削去兩根手指。」

最終是什麼促成了友誼呢?我們並不知道所有的答案,但有一點是肯定的,大多數的好朋友通常志趣相投,正所謂「物以類聚」。我認爲,喜歡爵士樂還是搖滾樂，並不値得大驚小怪，更重要的是，信任、分享、給予和快樂。一顆感性的心靈隨時準備著聆聽，一份眞誠的批評隨時準備出手相助。世上與你有如此多共同點的知音確實難覓。一旦找到一位，就要好好把握，他可是你身邊的稀世珍寶。

要開啓並維持一份美好的友誼，就要付出時間、精力和關愛，至少每個月打通電話、每兩個月共進一次午餐等。在友誼田園中，不要讓溝通的渠道裡湧動暗流，這片田園是需要呵護關照的，否則，一份美麗的友情也會在疏忽之中悄悄溜走。

生活中結交新朋友也是必須的。否則，一個人會感到內心深處常常與寂寞爲伴。毫無疑問，友誼是生活的調味劑。我從未錯過與新朋友談天說地和聆聽他們生活觀點的美好時光。我並不在乎彼此的看法是否相同，活躍的辯論能磨練我們的感知、挖掘我們的潛能。最重要的是，能使我們的生活更加開闊而生機勃勃。

我希望自己能結識生活在十八世紀的薩繆爾・詹森。可惜，我們並不處於同一時代。我只能透過閱讀他的著作、研究他的思想，來經營我與他的友誼。他對生活與人類有著獨到的看法，或者說，他擁有敏銳的洞察力。他的著作顯示出他偉大的判斷力。

他享年七十五歲，在當時比大多數人的平均壽命都要長許多，我確信，他對生活與人類的清醒認識與此頗有關係。我也同樣確信，他充分地享受了自己的人生，比許多人都過得快樂。在去世的兩年前，他寫道：

「由於疏忽大意而使友誼悄悄逝去，顯然是很不明智的。這等於自願放棄了由乏味的朝聖帶來的最大慰藉。」

我肯定，你在有生之年也能享有一些美好的友誼。如今，你有一些不錯的朋友，你可以向他們誇耀或抱怨，而他們總會在你需要時出現。我只希望你能超越時空的限制，盡可能地呵護這些友情。

順便說一句，你隨時可以向我誇耀與抱怨。我希望你也這麼想！

你的父親　阿爾伯特．哈伯德

阿爾伯特先生認爲，一位眞誠的朋友等於稀世珍寶。古羅馬政治家、哲學家西賽羅也說：「如果生活中沒有朋友，就像地球失去了太陽一樣，因爲太陽是萬能的上帝賜予我們最好的禮物，而朋友則可以爲我們帶來最大的快樂。」

朋友對我們來說是生活中不可或缺的。人類常常覺得內心荒涼，期望有一個傾訴的對象。年輕人有許多心事卻羞於向父母啓口，朋友便成爲極爲重要且急切的精神寄託，這也是十分合理的心態。你的朋友是你寶貴的財產，他們讓你開懷、讓你更勇敢。他們總是隨時傾聽你的憂傷。你需要他們的時候，他們會支持你，向你敞開心扉。朋友本不該有那麼重要，朋友又的確那麼重要。生命裡或許可以沒有感動、沒有勝利……，沒有其他的東西，但不能沒有朋友。

朋友的美不在來日方長；朋友最眞是瞬間永恆、相知刹那；朋友的可貴不是因爲曾一同走過的歲月，朋友最難得是分別以後依然會時時想起，依然能記得：你，是我的朋友。

有朋友的日子裡，總是陽光燦爛、花朵鮮豔；有朋友的時候，才發現自己已經擁有了一切。我們可以失去很多，但不能失去的是朋友。朋友也許並不能成爲一段永恆，朋友也許只是你生命中某段時間的一個過客，但因爲這份緣起緣滅，更使生命變得美麗起來，朋友的情感更加生動和珍貴。即使沒有將來又何妨？至少，曾經我與你一起走過朋友的路。

朋友不一定常常聯繫，但是卻不會彼此忘記，偶爾一個閃念，就在記憶裡清晰，每次念起，還是感覺那麼溫暖、那麼親切、那麼柔情；朋友是把關懷放在心裡，把關注藏在眼底；朋友是相伴走過一段又一段的人生，攜手共度一個又一個黃昏；朋友是想起時平添喜悅，憶及時更多溫柔……

朋友如醇酒，味濃而易醉；朋友如花香，淡雅且芬芳；朋友是秋天的雨，細膩又滿懷詩意；朋友是臘月的梅，純潔又傲然挺立。朋友不是畫，它比畫更絢麗；朋友不是歌，它比歌更動聽；朋友應是那意味深長的散文，寫過昨天又期待未來。

人生匆匆歲月，時間本就不多，可以分給朋友的時間就更少，但是那份回漾在彼此心間的溫柔，卻不會隨歲月而改變，溫馨得彷如永恆。
這個時候，趕緊拿起電話，告訴你的朋友你多麼愛他們。
當你傷心時，朋友有雙肩借給你依靠，讓你的淚水濕盡。
當你困擾時，朋友主動找上你，要爲你解決你的困擾。
當你開心時，朋友與你一起微笑。
當你失敗時，朋友在你身後支持。
當你成功時，朋友告訴你要更加小心，失敗還可能隨時來襲。
……
朋友啊，朋友！朋友一生一起走。

5 交真正的朋友

親愛的兒子：

當你收到這封信時，大概已度過威尼斯嘈雜的狂歡節，返回托利諾，重新埋頭於功課的準備之中吧！在托利諾的這段時間，希望能對你的求學過程有所助益，並能增添你的學識與經歷，而且，希望你確實能達成此一任務。事實上，至今我仍爲你的事操心不已。

根據傳聞，托利諾的職業學校，有著好些風度不佳的英國人。你是否會因此而將一些好不容易建立的好習慣給破壞了？一想到這些問題，不禁叫人坐立不安。這些人究竟是誰，我並不清楚，但聽說，這群人一旦成群結黨，便逞兇鬥狠、行爲無禮、處處顯露出心胸的狹隘。

如果這些行爲，僅止於朋友之間的發洩，那還算是不幸中的大幸，但他們似乎並非僅滿足於此。假使你執意不肯同流合污，他們便會不斷地對你施加壓力，執拗地百般勸誘。若是不能遂其心願，他們還會施予愚弄的手段。對你們這種年齡、經驗不足的年輕人來說，此種行爲必然會產生巨大的影響力，以致無法承受巨大的壓力，以及強迫式的勸誘。我衷心地希望你能理智地對待這些人，以使自己不被捲入其中，戒驕戒躁地完成學業。

一般而言，年輕人對於他人所託付的事，總是難以啓齒說不。彷彿一旦說不，乃是件有失身價的事，而且還擔心這將會惹得對方不高興，朋友之間也會因此變得尷尬和不和諧。這種考慮本身並非壞事。企圖迎合對方的要求、取悅對方，這也不能完全說是壞事，如果對方是個好人，那麼便能獲得良好的結果。反之，則會不由自主地被對方所牽制，終而產生不良的後遺症。

假如自己有缺點，希望你能嚴防自己的缺點，切勿模仿他人的壞習慣，致使自己的缺點日益增添。

在我看來，在友情方面，那種不易改變冷、熱的友情，才是眞正的友情。在托利諾的大學裡，想必有著形形色色的人們。你萬萬沒想到，企圖立即和這些人水乳交融、打成一片，乃是一種錯誤的觀念吧！眞正的友情，並非是輕而易舉可獲得的，它需要經過長時期的培育，經由彼此的相知相解，方才得以綻放出友誼的花朵。然而，也有些友誼僅止於泛泛之交。如今充斥於你們年輕人之間的，便是此一類型。這種友誼，忽冷忽熱。對於偶然認識的某人，無所顧忌地一起遊樂，成群結隊地狂歡遊蕩，這是經由人工加速栽培的友情。紙醉金迷、男女嬉戲，又豈是眞正的友朋之道！

輕薄短視的他們，儘管能義正辭嚴地對社會上的不平採取抗爭的態度，但對於切身之利，卻又不能灑脫地捨棄，而且還聲稱這類沒有原則的關係爲友誼，恣意地在金錢上互通有無，爲了「朋友」，更可能會兩肋插刀、血濺五步。

這些人要是不幸與對方決裂，便不惜惡言相向，一股腦地盡揭對方的瘡疤。一旦彼此交惡，就絕無挽回的餘地。他們只會一味地嘲弄、辜負彼此辛苦建立的「信賴關係」。

於此，有一點希望你能注意的便是：朋友和玩伴是截然不同的。好朋友同處時，並不限於只能得到愉悅的情趣，有時也要說不，甚至反對對方的意見。雖然，這時候對朋友來說，你會成爲一個不懂人情世故、毫無助益的人物，但對眞正友誼的培養，卻有著莫大的幫助。

當然，你寧可以輕鬆的態度來對待無趣的人們，也要切忌使之轉化爲敵人。從一個人結交朋友的類型，便能對此人作某種程度的評斷。這乃是千古不易的眞理。西班牙的俗諺對此形容得極爲貼切：請告知你與誰共處，如此，便能猜測你爲何等人物。

結交了道德不良及愚鈍朋友的人，想必總是有苦難言、痛苦不堪吧！

然而，必須注意的是，在接近道德不良或愚鈍的人物時，你當然會不自覺地想避開對方，但是，切忌表現得過於冷淡，以至於多樹立了一個敵人。即使你不想與他結交，但若因此令對方產生敵對的態度，這絕非明智之舉。如果是我，我必然會選擇對他既非朋友亦非敵人的中立態度。這是最安全的方法。即使憎厭他的惡行及愚蠢，但也不必敵視他個人。若是使他們抱持著敵對的態度，那麼，事情的演變將一發不可收拾。

因此，在待人交友方面，最重要的乃是對象是誰。仔細分辨什麼話可以說，什麼話不能說；什麼事可以做，什麼事不能做，這一切都得有分寸。最可悲的莫過於懂得分辨卻故意加以漠視。雖然你本意並非如此，但卻讓對方感到你對他不屑一顧，這只會激怒對方。很少有人能分辨事物的眞正意義。通常人們總是爲一些無聊的話題所吸引，對之聚精會神地傾聽，然後還情不自禁地自說自話，於是不知不覺地又樹立了一個敵人。

查斯特菲爾德

查斯特菲爾德伯爵在寫給兒子的信中，談到了交友的重要，稍有不慎，交到了壞朋友，自己也會被拖入罪惡的深淵。正像西班牙俗諺所說的那樣：「請告知你與誰共處，如此，便能猜測你爲何等人物」，朋友就是自己人格的一種證明，畢竟「物以類聚，人以群分」，所以交眞正的朋友是很重要的。

我們需要朋友，但這個朋友並不是那種泛泛意義上的朋友，不是指那種酒肉之交，而是能夠爲你分憂解煩，能夠在你需要的時候幫你，眞心誠意對待你的朋友。我們需要的是眞正的朋友。

眞正的朋友該是什麼樣子呢？眞正的朋友最起碼要具備兩個條件：第一，雙方的關係是建立在愛心和責任心的基礎上；第二，在做任何事情的時候都能考慮到對方，而不是爲了私利而強求對方。

眞正的朋友，對利益交換的因素考慮得很少，甚至沒有，但是替對方考慮的因素會更多。

眞正的朋友還要有眞誠。當然不是什麼都不顧，不是盲目的眞誠，這就意味著雙方要互相理解、互相體諒。心理學上有一個說法：朋友之間在某一個方面總是非常相似，比如說一個人的性格中有三個側面，那麼他所結交的朋友，至少在其中一個側面跟他是相似的，不管兩個人表面上看差異有多大。

眞正的朋友還會直言不諱地指出你的缺點和不足。一般的朋友不會給你提太多的意見，因爲他對你的責任心是非常有限的。只有那些眞正的朋友，才會直接告訴你哪些地方需要改善。一個人越想要成就一番事業，就越需要許多眞正的朋友給你提出更多建議。

當然，處於不同年齡層的人，對朋友的看法也是不一樣的。比方說，查斯特菲爾德伯爵和他的兒子，兩人對於朋友的看法就可能不盡相同。年輕人和較年長的人的看法一般相差很多，年輕人比較注重表面的東西，年長的人更注重內涵。年輕人考慮的，是跟這個朋友玩的時候是否高興，甚至是這個朋友看起來是不是比較帥，因爲這樣一來跟他出去就好像顯得很有面子。當然，這也不是年輕人的錯，只是閱歷太少，等他們再長大一些，自然就會更注重內在的東西。年長的人看重的是這個朋友是否能夠交心。像查斯特菲爾德伯爵這樣的長者的告誡是很有道理的，如果朋友不愼交，最終毀掉的是自己。

眞正的朋友能夠互相關懷彼此心靈，我們需要的正是這樣的朋友。

6 做事要有始有終

字諭紀澤：

凡作一事，無論大小難易，皆宜有始有終。

作字時，先求圓勻，次求敏捷。若一日能作楷書一萬，少或七八千，愈多愈熟，則手腕毫不費力。將來以之爲學，則手抄群書；以之從政，則案無留牘，無窮受用，皆從寫字之勻而且捷生出。三者皆足彌吾之缺憾矣。

今年初次下場，或中或不中，無甚關係。榜後即當看《詩經注疏》，以後窮經讀史，二者迭進。國朝大儒，如顧、閻、江、戴、段、王數先生之書，亦不可不熟讀而深思之。光陰難得，一刻千金！

以後寫安稟來營，不妨將胸中所見、簡編所得，馳騁議論，俾余得以考察爾之進步，不宜太寥寥，此諭。

曾國藩

曾國藩以習字爲例，告訴兒子：「作事無論大小，皆宜有始有終。」

關於做事有始有終，我們小的時候經常聽大人講「猴子下山」這樣一個故事：

有一天，一隻小猴子下山來。

牠走到一塊玉米田裡，看見玉米結得又大又多，非常高興，就摘了一個，扛著往前走。

小猴子扛著玉米，走到一棵桃樹下。牠看見滿樹的桃子又大又紅，非常高興，就扔了玉米去摘桃子。

小猴子捧著幾個桃子，走到一片瓜田裡。牠看見滿地的西瓜又大又圓，非常高興，就扔了桃子去摘西瓜。

小猴子抱著一個大西瓜往回走。走著走著，看見一隻小兔蹦蹦跳跳的，眞可愛。牠非常高興，就扔了西瓜去追小兔。

小兔跑進樹林子，不見了。小猴子只好空著手回家去。

這個故事雖然簡單，但說明的道理卻不是任何人都辦得到的，做事有始有終，並不是想到就能做到的！

「有始有終」這句話出自《魏書》。更早的寫法是「有始有卒」。《論語》裡有這樣的話：「有始有卒者，眞爲聖人乎？」意思跟有始有終一樣，都是說：做事情能夠從開始一直堅持到底，是聖人的優秀特質。

做事情有始有終，說起來容易，眞正做到，就要克服許多困難，才能堅持到底。「身在曹營心在漢」這句成語很多人都知道，說的是三國時期劉備軍師徐庶的故事，但是還有一件關於他的事，可能很少人知曉，那就是「徐庶進曹營，一言不發」的故事。

徐庶生於東漢末年的亂世，他是一個有智謀、有抱負、有追求的謀士。在諸葛亮沒有出山之時，是他輔佐著劉備。

當時各路諸侯群雄爭霸，戰爭連綿，民不聊生。徐庶決定選擇一位明主，輔佐他成就一番大事業。曹操實力最強，卻是個「挾天子以令諸侯」的奸雄、國賊，當然不能投靠。而袁術等又剛愎自用，不能任用賢能。徐庶經過觀察比較，認定劉備是一位胸懷大志又仁德愛民的明主。

徐庶主動投奔了實力並不強大的劉備。劉備拜他爲軍師，言聽計從，按照徐庶的計謀，在新野、樊城兩次打敗了曹操。

曹操認識到了徐庶的軍事才能，認爲有徐庶輔佐劉備，他日將成爲自己爭霸天下的阻力，所以把徐庶的母親騙到許昌，又模仿徐母的字跡給徐庶寫信，叫他到許昌來，歸順曹操，只有這樣才能救母親一命。

徐庶是個孝子，他雖然痛恨曹操，卻不能不離開劉備，去許昌解救母親。

劉備與徐庶難捨難分，送了一程又一程。徐庶叮囑關羽、張飛、趙雲，「劉皇叔胸懷大志，有德有才，你們一定要有始有終地輔佐他，成就一番大事業！不要像我這樣，有始無終，遺憾一生啊！」

徐庶被迫來到許昌，結果身陷曹營，並未能夠挽救母親的性命。國恨家仇，促使他對天發誓：終生不爲曹賊設一計！這個誓言他終生執行，有始有終地做到了。但是活了一輩子，他最大的遺憾就是無法有始有終地輔佐劉備，成就一番大事。

不能做到有始有終，是成就大事業的最大阻礙！

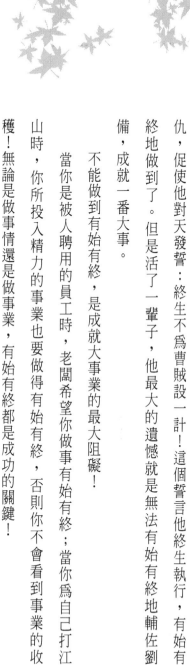

當你是被人聘用的員工時，老闆希望你做事有始有終；當你爲自己打江山時，你所投入精力的事業也要做得有始有終，否則你不會看到事業的收穫！無論是做事情還是做事業，有始有終都是成功的關鍵！

在我們現在的時代中，「跳槽」成爲年輕人中流行的詞語，「人往高處走」，這畢竟也無可厚非，但是這樣做眞的對自己有益嗎？有一位資訊業的高材生，大學畢業後幾乎每年換一個工作，頻繁地跳槽。可是幾年過去了，他還是重複著同樣的工作，並沒有實質性的提高。而以前的一些同學，他們的才華不如他，當初的工作職位也不如他，但是現在卻已經成爲行業裡的成功人士，而他自己還是在相同的職級上奔波。這個事實讓他明白了一個道理：盲目、頻繁地跳槽，對自己來說是不負責任的表現。做一件事情要有始有終，做事業更應該有始有終，否則到頭來會一事無成。

做事有始有終，對於現在的年輕人而言是一個很好的指引。在這個金錢掛帥的時代，很多人自然會選擇高薪的工作。當另一個公司付出比目前的單位更好的待遇之時，人們很難抵擋這種誘惑，多數會選擇放下自己可能已經有些成就的工作，投入別的公司的懷抱，但是這樣折騰幾次，雖賺了些小錢，生活得到了些許改善，可是最後只會一事無成。

也許有的年輕人認爲：我們工作就是爲了賺錢，爲什麼不到高薪單位去呢？但是，我們的工作僅是爲了賺錢嗎？當然不是，我們工作一方面要賺錢，更重要的是要實現自我價值。

雖然經濟上的窘迫會促使人們做出急功近利的現實主義的抉擇，但一個想有所成就的人，一定要在心中弄清楚：自己適合於做什麼，哪個領域、哪個職位才是自己終生事業所在。明白這個問題之後，我們就應該選擇一行堅定不移地做下去。也許在開始的時候或某些階段，經濟上的收益並不令人滿意，但只要是興趣所在，這一行眞的適合自己，就應該不爲眼前所動，咬牙堅持下去。

你今天所做的一切，都會成為明天成功的基礎，你也會步入一條可持續發展的軌道。如此這般，日積月累，成功是必然的，它可能早一天來，也可能晚一個月到，但無論遲早，它肯定要來。無論我們做什麼事情，都要著眼於未來。

只要你願意奮鬥，堅持不懈；只要你肯盡力，老天爺絕不會忘記你的。

7 以熱情擁抱社會

親愛的兒子：

英國有個名叫詹姆斯・班森・歐文的人，在一次飛機失事中，他摔斷了雙腿，摔碎了顎部，大腦損傷使他失去了記憶。經過兩年的治療後，他恢復了記憶。他又回到了飛機駕駛艙，並申請擔任飛行員，但遭到拒絕。一連四次，他的申請都被回絕。但是，歐文對此依然滿腔熱忱，他又一次遞交申請，終於被批准，他後來成爲第八個登上月球的人。

熱情並不是說應該一天笑到晚，也不是說應該對周圍的一切感到滿意。那不是熱情，而只是盲目樂觀的好心人。相反地，社會所需要的熱情，更多的是一種思考和追求的方式，它這樣勸慰人們：「生活是美好的，通往成功的路總是有的。」

當你擁有熱情時，你看到的不是事物的反面，而是它的正面。你會發現每一個人、每一件事都有其閃光之處。

眞正的熱情意味著你相信你所做的一切是有目的的。你堅信不疑地去實現這個目的，你有火一樣燃燒的願望，它驅使你去達到目標，直到如願以償。

熱情是能夠激發一個人潛在能力的東西，它能夠解決一般人看似難以解決的問題。即使這個問題有時像夢想般永遠無法實現，但是它卻能爲自己加油鼓勵，促使自己對於要做的事情深思熟慮，然後再拼命工作，從而找到更美好的感覺。

那麼，如何培養自己的熱情呢，下面有三種方法可供你參考：第一，培養「你很重要」的態度；第二，用希望的「魔法」激勵自己；第三，要敢於向自己挑戰。

艾麗絲．海倫

艾麗絲希望「熱情」的魔法能改變自己的孩子，讓他成爲一個有作爲的人。因爲艾麗絲女士明白熱情的巨大作用。

我們每個人都不得不承認：熱情的力量是巨大的，它的力量有時候甚至可以改變整個世界。

一個國家要發動戰爭，需要多長的準備時間呢？需要聯絡盟友，需要打國際宣傳牌，即使以現在的速度來說，三、四個月的準備時間都是少的。但是在十九世紀，法蘭西皇帝拿破崙發動一場戰役，卻僅僅只需要兩週的準備時間。之所以會有如此大的差距，正是因爲他那無與倫比的熱情——對勝利的渴望。在那小個子的身上，燃燒著火一般的熱情，他用自己的熱情橫掃了整個歐洲。

拿破崙在第一次遠征義大利的行動中，只用了十五天時間就打了六場勝仗，繳獲了二十一面軍旗和五十五門大砲，俘虜了一萬五千人，並占領了皮德蒙德。而看看美國攻打伊拉克吧，出動的人員和武器並不少，但是戰局僵持不下，雖然美國口裡叫囂得很厲害，但是他們的心裡並沒有那種如火焰般燃燒著的對勝利的渴望。而拿破崙與他的士兵正是以這麼一種根本不知道失敗為何物的熱情，從一個勝利走向另一個勝利。

缺乏熱情，軍隊無法取得勝利；缺乏熱情，人類不會創造出震撼人心的音樂。不能建造出富麗堂皇的宮殿；不能征服自然界各種強悍的力量；不能用詩歌去打動心靈；不能用無私崇高的奉獻去感動這個世界。

熱情，是所有偉大成就過程中最具有活力的因素。它融入了每一項發明、每一幅書畫、每一尊雕塑、每一首偉大的詩、每一部讓世人驚歎的小說或文章當中。它是一種精神，具有一種無法摧毀的巨大力量。

熱情是學習、工作的動力。沒有熱情，就不能把事情做得更好。

世所公認，莫札特是音樂天才，但天才從何而來的？在莫札特小的時候，成天必須不斷地反覆練習，如果換一個人，這麼單調而又重複的工作，只怕會把人逼瘋；但是莫札特熱愛音樂，所以即使是這種我們看來枯燥乏味的練習，他卻能樂在其中。天才就是這樣練成的！

正是熱情創造了天才。

拿破崙・希爾說：「要想獲得這個世界上的最大獎賞，你必須擁有過去最偉大的開拓者所擁有的——將夢想轉化爲全部有價值的獻身熱情，以此來發展和銷售自己的才能。」

卡內基把熱情稱爲「內心的神」，他說：「一個人成功的因素很多，而屬於這些因素之首的就是熱情。沒有它，不論你有什麼能力，都發揮不出來。」當比爾・蓋茲在被問及他心目中的最佳員工是什麼樣之時，他強調了這樣一條：一個優秀的員工，應該對自己的工作滿懷熱情，當他對客戶介紹本公司的產品時，應該有一種傳教士傳道般的狂熱！

滿懷熱情，能讓你的人生大不相同。

熱情是完成任何一件事必不可少的條件。或許你是眞的很有才華，但才華很多人都有，但他們都成功了嗎？一樣也只有少數。只有當才華加上了熱忱的精神，才有了成功的結果。熱情是一種無窮的動力，因此我們要理智地運用它，以求進步。

日本的經營之神松下幸之助，在談到自己僱用員工的標準時說，他不愛用那些抱怨環境、抱怨職務、待遇與自己的才能不相稱的員工；他所喜歡任用的人，是那種對工作滿懷熱情、充滿責任心的員工，這種員工也許本身能力不那麼出色，但他們工作踏實、肯幹，他們對自己的工作不挑剔，眞正能在工作上下力氣，這種人反而能夠爲公司出大力。

因此，松下先生對公司僱用到能力只能打七十分的中等人才時，不僅不急不氣，反而說這是「公司的福氣」。松下本人就認爲自己也不是「一流」人才，給自己打的分數也只是七十分。但正是這個七十分的松下，把松下這個名字變成了世界知名的一個品牌。

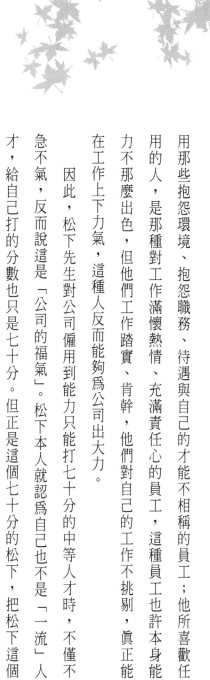

熱情是個人最有價值的特徵，不管他從事的是什麼職業。很多有才幹的人之所以失敗，很可能是因爲缺乏工作熱情。

美國西北大學理事會主席兼心理學博士史考特說：「決定成功與失敗的原因，態度比能力更重要。」哈佛大學的一項研究表明：成功、成就、升遷等原因中，有85％是因爲我們的態度，僅有15％是由於我們的專門技術。然而，現實中，我們往往花費90％的時間、精力、金錢，來學習那15％的成功因素，對於占85%的成功因素，卻從未意識到。

態度決定一切。態度的實質是一種熱情的精神，有了這種精神，才能夠不講條件地自覺做好工作。

熱情是一個人對所做事情的感覺和興趣。沒有熱情，肯定對自己所做的事情不會盡心盡責、不會精益求精。有些人正是因爲過於冷漠，對什麼事都缺乏認眞，做到哪兒算到哪兒，因此不能贏得尊重，更談不上讓自己的事業蒸蒸日上。成大事者需要的不是冷漠，而是熱忱。多一份熱情，就會多一分收穫。

鋼鐵大王卡內基也是把熱情作爲自己最基本的東西。他原本只是移民，而且還住在貧民窟裡，卡內基正是因爲熱情的魔力，在美國這樣一個住滿了商人的國度中崛起，成爲了鋼鐵巨人。卡內基有這樣一句名言：「我愈老愈能感覺到熱情的感染力，成大事者和失敗的人在能力上差別並不大，但正是由於各方面條件相近，熱情就顯得尤爲重要了。熱情的人有信心和勇氣去克服困難。」

當卡內基出售了自己的鋼鐵王國，專心地作爲一名講師的時候，也一樣獲得了自己的成就。曾經有人問卡內基，他明明沒有接觸過演講，爲什麼還能在演講方面也取得這麼大的成就呢？他微笑著說：「除了掌握了大量的知識和技巧以外，最重要的是——我熱愛我的聽眾。」卡內基表現了他的熱情。無論是作爲一位商人還是一名講師，他在這兩個截然不同的領域裡，都獲得了自己的成就。

熱情是高水準的興趣，是積極的能量、感情和動機。

它是火花，把我們和他人都激勵起來，使我們在精神上做好準備去實現我們的工程、興趣、目標和夢想等。

它是一種能源，當我們感到進展不順或一籌莫展時，推動我們繼續前進。

你的態度決定著你的結果。當一個人確實產生了熱情，他的工作就會飛快地完成，他的財富也會飛快地增加。

熱情，使我們的決心更堅定；熱情，使我們的意志更堅強！它給思想以力量，促使我們立刻行動，直到把可能變成現實。

對你所做的工作，要充分認識到它的價值和重要性，它對這個世界來說是不可或缺的。全心全意地投入到你的工作中去，把它當作你特殊的使命，把這種信念深深植根於你的腦海之中！

就像美一樣，源源不斷的熱情，使你永保青春，讓你的心中永遠充滿陽光。

國家圖書館出版品預行編目資料

一封信的秘密：優秀是教出來的／蘇伯特著. --
初版. -- 新北市：華夏出版有限公司, 2023.08
面； 公分. --（人格教養；011）
ISBN 978-626-7296-08-0（平裝）
1.CST：人格教育 2.CST：子女教育

528.5 112002491

人格教養 011

一封信的秘密：優秀是教出來的

著　　作　蘇伯特
印　　刷　百通科技股份有限公司
　　　　　電話：02-86926066 傳真：02-86926016
出 版 者　華夏出版有限公司
　　　　　220 新北市板橋區縣民大道 3 段 93 巷 30 弄 25 號 1 樓
　　　　　電話：02-32343788 傳真：02-22234544
E-mail：　pftwsdom@ms7.hinet.net
總 經 銷　貿騰發賣股份有限公司
　　　　　新北市 235 中和區立德街 136 號 6 樓
　　　　　電話：02-82275988 傳真：02-82275989
　　　　　網址：www.namode.com
版　　次　2023 年 8 月初版一刷
特　　價　新台幣 250 元（缺頁或破損的書，請寄回更換）

ISBN-13：978-626-7296-08-0